Bonne lecture

Jerry Kalt

Ce qui ne TUE PAS rend plus FORT

Collection
Expérience
de Vie

PERFORMANCE Édition

CP du Tremblay, C.P. 99066
Longueuil (Québec) J4N 0A5
450 445-2974

info@performance-edition.com
www.performance-edition.com

Distribution pour le Canada : Prologue Inc.
Pour l'Europe : DG Diffusion
Pour la Suisse : Transat, S.A.
Pour l'Europe en ligne seulement : www.libreentreprise.com

© 2014 Performance Édition
ISBN : 978-2-923746-91-3
EPDF 978-2-923746-94-4
EPUB 978-2-923746-95-1

Révision : Francine Larose et Françoise Blanchard
Couverture et mise en pages : Pierre Champagne, infographiste
Photo couverture : Sol photographe www.solphotographe.com
Photo de Mireille Deyglun : ©Monic Richard
Tableau sur la couverture : véroniKaH artiste peintre

Dépôt légal 1er trimestre 2014
Dépôt légal Bibliothèque et Archives nationales du Québec
Dépôt légal Bibliothèque nationale du Canada
Dépôt légal Bibliothèque nationale de France

N.B. Veuillez noter que dans ce document le masculin représente tant la gent féminine que masculine. Il est utilisé sans préjudice aux personnes de sexe féminin.

Nous reconnaissons l'aide financière du gouvernement du Canada par l'entremise du Fonds du livre du Canada (FLC) pour nos activités d'édition.

Nous remercions la Société de développement des entreprises actuelles du Québec (SODEC) pour son appui à notre programme de publication.

Limite de responsabilité
L'auteur et l'éditeur ne revendiquent ni ne garantissent l'exactitude, le caractère applicable et approprié ou l'exhaustivité du contenu de ce programme. Ils déclinent toute responsabilité, expresse ou implicite, quelle qu'elle soit.

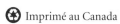 Imprimé au Canada

TABLE DES MATIÈRES

Faites que le rêve

dévore votre vie

afin que la vie

ne dévore pas votre rêve.

-Antoine de Saint-Exupéry

Le nom de la toile
de la couverture est
Déesse

«Une Déesse est une femme qui émerge de ses profondeurs. C'est une femme qui a exploré honnêtement son côté sombre et qui a appris à célébrer sa lumière. C'est une femme qui peut tomber amoureuse des magnifiques possibilités qui l'habitent. C'est une femme qui connaît la magie et les endroits sacrés en elle qui peuvent élever son âme.

C'est une femme qui émet de la lumière, qui est magnétique, chacun peut sentir sa présence lorsqu'elle est dans une pièce. Elle est forte et douce à la fois. Elle a une énergie sexuelle puissante et a appris à maitriser son pouvoir de séduction. Elle adore son corps, elle est aérienne. Elle chérit la beauté, la lumière et l'amour. Elle est une mère pour tous les enfants. Elle coule avec la Vie dans un état de grâce. Elle peut guérir avec un regard ou avec sa main. Elle est sensuelle et intrépidement érotique, et s'engage dans le sexe de façon à partager le contact du Divin avec une autre âme. Elle est compassion et sagesse. Elle est une chercheuse de vérité et s'intéresse profondément à quelque chose de plus grand qu'elle ne l'est elle-même.

C'est une femme qui est consciente que son but dans la vie est de s'élever avec l'amour. C'est une femme amoureuse de l'amour. Elle sait que la joie est son destin et, qu'en l'embrassant et le partageant avec les autres, elle guérit de ses blessures. C'est une femme qui est venue sur terre pour comprendre que son partenaire est sensible, perdu et effrayé, comme elle l'a été de temps à autre, elle-même. Elle est venue pour comprendre ses cicatrices, et sait que l'amour qu'ils partageront ensemble pourra être le soulagement et la guérison de leurs blessures.

C'est une femme qui peut s'accepter comme elle est et accepter les autres comme ils sont. Elle est capable de se pardonner ses erreurs et ne pas se sentir menacée, même quand on l'attaque. C'est une femme qui peut demander de l'aide quand elle en a besoin ou aider lorsqu'on lui en demande. Elle respecte les frontières, les siennes et celles des autres. Elle peut voir Dieu en elle. Elle peut voir Dieu dans les yeux des autres. Elle peut voir Dieu dans chaque situation de la vie.

C'est une femme qui prend ses responsabilités pour tout ce qu'elle crée dans sa vie. C'est une femme qui est dans le soutien et le don, totalement. *C'est une Déesse!*

PRÉFACE DE MIREILLE DEYGLUN

J'aime véroniKaH.

Cette femme à l'apparence si fragile dégage une force intérieure qui nous frappe dès les premières minutes. Ces yeux bleus magnifiques et si profonds, ce regard perçant, franc, qui nous scrute pour ne pas s'embarrasser de gens faux, intéressés et sans intérêt.

véroniKaH ne s'arrête jamais. Dès que l'on a acquis sa confiance, elle se livre sans retenue avec une lucidité déconcertante. véroniKaH ne vit pas dans le déni, elle est parfaitement consciente de ce qu'elle est. On ne choisit pas l'anorexie ou la boulimie qui a été, pendant des années, mon enfer. Il y a des blessures dont on ne guérira jamais, des mots, des gestes qui nous hantent, des situations à répétition dont on ne peut effacer les dommages. L'inconscience des uns, la mauvaise foi des autres sont venues à bout de nos défenses, trop souvent fragiles.

véroniKaH est bien entourée, son mari Philippe est plus que présent. Il l'écoute, ne la juge jamais, lui fait confiance. Ses trois fils, Jérémy, Léo, Noé, sont les miracles de sa vie. Eux aussi ont devant eux une femme qui ne se raconte pas d'histoires, qui ne camoufle pas la vérité et qui parle de sa maladie sans aucun artifice.

Car oui, l'anorexie est une maladie mentale qui s'insinue, petit à petit et très tôt, dans un cerveau troublé par les circonstances de la vie. C'est une lutte, un combat de tous les jours que mène véroniKaH, comme tant d'autres jeunes filles et femmes de tous âges et de plus en plus de garçons et d'hommes.

Son histoire, son cheminement, ses réussites et ses échecs, ses périodes de découragement et ses grandes victoires peuvent aider tant de gens à y voir plus clair, à mieux comprendre les mécanismes qui s'installent inconsciemment.

véroniKaH est une grande artiste-peintre qui a trouvé à travers l'art un exutoire essentiel à sa survie. Son monde intérieur bouillonnant et si dense permet de projeter sur ses grandes toiles blanches un univers tantôt fluide et apaisant, tantôt sombre et débridé.

Chaque jour, elle est au rendez-vous et laisse son imaginaire faire le travail de création, essayer de nouvelles techniques, se tromper, recommencer, modifier, et terminer une œuvre forte qui lui ressemble. Chaque jour, elle a un besoin viscéral de créer, d'inventer, de se dépasser. Chaque jour, c'est toute son énergie qui est décuplée par la force de cette passion créatrice. Je sais que pour véroniKaH, chaque toile est une partie de sa souffrance, une étincelle de bonheur absolu et la conviction profonde que l'art et sa vie ne font qu'un.

Mireille Deyglun

MOT DE L'AUTEURE

La vie est une série de combats, de défis et de victoires. Avec du recul, j'accepte toutes les situations qui ont ponctué la mienne, car maintenant je reconnais leur importance et leur signification. Avec le temps, j'ai compris que c'est en faisant face à ses peurs que l'on réalise leur insignifiance.

Ce livre présente mon parcours de vie, mais il fournit aussi des informations pertinentes qui permettront aux parents, familles et amis des personnes atteintes d'une maladie mentale de constater l'impact qu'ils ont sur leurs vies. Le but est de les renseigner et de leur proposer des outils susceptibles de les éclairer sur les attitudes à privilégier dans leur interaction avec leurs proches.

Étant mère de trois garçons, je réalise combien mes gestes et mes paroles lancent des messages qui peuvent détruire ou construire leur confiance en eux-mêmes.

J'ai commencé à écrire mon journal à l'âge de douze ans avec l'espoir qu'un jour ma vie serait révélée au grand jour. Ce livre est la combinaison de mes premiers écrits, de mes cinq mois d'hospitalisation et du récit de mes expériences en tant que femme, mère et artiste. Sa rédaction constitue la meilleure thérapie de ma vie. Le temps d'arrêt et la réflexion nécessaires à la rédaction de mon manuscrit m'ont permis de comprendre beaucoup de choses, ce qui m'a amené à décider d'accepter le bonheur sous toutes ses formes.

Pour faire vraiment comprendre une maladie mentale telle que l'anorexie, je crois qu'il est nécessaire que je raconte ma vie, le quotidien d'une personne qui en souffre depuis plus de trente-quatre ans. Je n'ai pas choisi d'être anorexique, j'ai hérité et acquis tous les éléments associés à cette condition. Des circonstances et des choix personnels m'ont amenée à en faire ma compagne de tous les jours.

La souffrance physique provenant de la maladie mentale est minime si on la compare à la détresse émotionnelle qu'elle engendre. Le corps joue un rôle de messager, alors que l'esprit celui du combattant. Mon enveloppe charnelle est encore un fardeau que j'accepte volontiers de porter et de maintenir en vie tout en repoussant quotidiennement ses limites. Dans l'incapacité de m'exprimer en paroles, je l'utilise pour exprimer ma révolte, ma douleur et ma colère. Je suis incapable de me détendre; je ressens en permanence la nécessité de bouger, de créer et de me sentir utile pour rester vivante.

Je suis une personne extrêmement sensible. Je suis affectée par les ondes positives ou négatives émises par les gens autour de moi. Plus jeune, cette sensibilité m'incommodait énormément et j'ai voulu l'anéantir avec l'anorexie en me rendant toute petite et vulnérable.

J'ai pris conscience aussi que ma maladie permettait à un bon nombre de personnes de se valoriser dans leur rôle de sauveur, mais malgré toutes leurs bonnes intentions, ce contexte de vie m'a encouragée à demeurer une victime.

J'ai souvent ressenti qu'on me mentait, que j'étais critiquée, jalousée même, et qu'on me ridiculisait. Je considère aujourd'hui que toutes les épreuves reliées à ces sensations n'ont pas eu que des effets négatifs sur moi. Elles m'ont aussi donné une force que je ne pouvais acquérir autrement. Je constate que ma détermination, mes capacités à toujours m'en sortir, mon audace et mon courage font de moi une femme forte et accomplie et que les sentiments négatifs dont ces moments difficiles ont été accompagnés ne m'habitent plus.

Je ne ressens plus que les gens posent un regard négatif sur moi ou me jugent, car dans ma tête et dans mon cœur, ça va bien. À mon avis, le jugement des autres que l'on perçoit est souvent un jugement que l'on porte soi-même à son propre égard et que l'on attribue à autrui. Il est très important de travailler à se sentir bien et heureux avec soi-même, car chacun est responsable de sa vie et porte ses solutions en lui-même.

Ce témoignage, je crois, offrira une image honnête et franche de la maladie mentale. L'anorexie, comme la boulimie, l'alcoolisme, la dépression et les autres dysfonctions, est un moyen de se déconnecter d'un monde au sein duquel on n'a pas trouvé sa place.

En racontant ma vie, je souhaite que d'autres s'y reconnaissent et établissent des liens entre leur vécu et le mien, ce qui leur permettra de trouver des solutions ajustées à leur situation. Chacun de nous a une croix à porter. Elle peut prendre différentes formes et varier en importance, mais son but sera toujours d'influencer l'être humain à prendre de nouvelles directions. Découvrir ses forces cachées, accepter l'aide des autres, éliminer les mauvaises influences, prendre des actions concrètes pour réaliser ses rêves, toutes ces initiatives sont nécessaires pour en arriver à vivre en harmonie avec soi-même et avec les autres.

À tous ceux et celles qui ont fait des pieds et des mains pour me faire manger, sachez que le problème n'est pas entre la fourchette et ma bouche, mais dans mon cœur. Très tôt dans la vie, j'ai refusé de me faire plaisir et me nourrir est en tête de liste de mes privations. Mon rétablissement doit commencer par réapprendre à m'aimer et à prendre soin de moi. Le reste viendra avec le temps.

Même si j'avais le pouvoir de tout recommencer, je ne voudrais rien changer à ma destinée. Mon vécu est ma force et mon inspiration. Il me permet de livrer un message puissant et important et il s'agit là d'un contrat que j'accepte avec grand plaisir.

Je croyais qu'il était impossible de faire comprendre à un autre être humain ce que je ressentais intérieurement jusqu'au jour où j'ai commencé à peindre. J'ai toujours eu le pressentiment que ma vie avait été tracée d'avance, que tout ce qui allait m'arriver avait sa raison d'être et qu'il était impensable d'effacer une ou des parties de ma vie sans la détruire en totalité.

Depuis que j'ai pris la décision d'écrire mon cheminement, je ressens un bien-être nouveau. Je fais le vœu que mon ouverture d'esprit et ma transparence à l'égard des hauts et des bas de mon expérience personnelle puissent vous convaincre que vous avez également droit au bonheur.

Aider les autres et faire une différence dans le monde est le plus beau cadeau que l'on puisse s'offrir. J'adore chaque seconde de ma vie d'artiste et je souhaite à chacun d'aimer avec autant de passion que moi l'option de vie qu'il a choisie.

La joie de vivre est une énergie contagieuse, j'espère la propager partout autour de moi.

véroniKaH

REMERCIEMENTS

Mon premier MERCI va à mon prince charmant Philippe qui a su attendre plusieurs années avant que sa belle au bois dormant, véroniKaH, décide de son plein gré de reprendre goût à la vie. Merci d'avoir gardé espoir. Je t'aime *Lover*.

À mes futurs grands hommes : Jérémy, Léo et Noé, merci de m'avoir métamorphosée en mère libérale qui sait garder les pieds sur terre. Vous êtes les plus belles œuvres de ma vie.

Merci à ma mère Josette qui a encouragé mon caractère rebelle en étant elle-même révolutionnaire. À mon père Jean-Pierre qui m'a transmis des gènes de combattante, permettant ainsi à mon corps de résister à la sous-alimentation.

Pour son rôle de médiatrice, d'arbitre et aussi de gardienne de mes enfants afin de me permettre de finaliser l'écriture de mon manuscrit dans les meilleures conditions possibles, j'offre mon appréciation sincère à ma soeur Isabelle.

Merci aux membres de ma belle-famille pour leur compassion et leur patience. J'ai la chance d'avoir toujours bénéficié de leur soutien et de leur compréhension sans avoir à me justifier. Je souhaite souligner leur attitude respectueuse et constructive qui a aidé mes garçons à s'adapter à ma condition.

Toute ma gratitude va à Marie-Josée Blanchard, mon éditrice, qui a fait se déployer en moi, et cela, en quelques secondes seulement, des ailes dont j'ignorais même l'existence.

Un merci tout particulier à Martine et Jean Cousineau, mes grands amis, qui m'ont aidée à franchir une nouvelle étape dans ma vie.

Un merci sincère à tous mes amis et à mes fans fidèles pour leur croyance indéfectible en mes talents d'artiste. Votre présence à mes expositions, vos encouragements, vos compliments ont nourri mon âme et mon cœur. Votre énergie positive a été l'élément déclencheur du long processus de ma guérison.

Chacun de vous avez positivement marqué ma vie. Je vous en suis éternellement reconnaissante.

CHAPITRE UN

Se faire toute petite dès la naissance

Ce chapitre n'est pas écrit dans le but de trouver des coupables ou de porter des jugements sur les actions d'autres personnes. Les faits qui m'ont été racontés ou dont je me souviens ont été des événements marquants, et cela, parmi un bon nombre d'autres facteurs.

Je crois que même si chaque être humain n'est pas entièrement maître de sa destinée, il a le choix de prendre des décisions qui peuvent l'influencer. En s'entourant de personnes positives, en demandant de l'aide et en acceptant de faire des changements, chacun augmente ses chances de vivre dans l'amour et la prospérité.

Ce chapitre sera certainement utile et donnera quelques bons points de repère aux parents ou amis qui se questionnent sur l'attitude ou sur le style d'éducation à adopter avec une personne souffrant d'anorexie.

Malgré trente-quatre ans d'expérience dans mon vécu d'anorexique, je demeure à ce jour sans réponses quant à plusieurs interrogations. Je réalise aujourd'hui qu'une recherche dans mon passé dans le but de déterminer les raisons de ma condition ne sert plus à rien. À partir de maintenant, je choisis d'investir mon temps et mes énergies dans mon présent, car le futur ne m'appartient pas.

J'ai choisi mes parents et leur bagage imposant de souf-frances et de difficultés afin d'apprendre de leur persévérance pour accomplir de grandes choses. Je ne vais pas m'étendre sur leur passé, mais je crois qu'il est important de partager certains faits majeurs les concernant.

Mon père a vécu dans la pauvreté. Il a dû quitter l'école très tôt pour travailler afin d'aider sa famille financièrement, son père étant décédé alors qu'il n'était âgé que de quatre ans. Dans ce contexte, son rêve de devenir médecin n'avait que très peu de chance de se réaliser. À un très bas âge, veiller sur le bien-être de sa mère, ses frères et ses sœurs était sa priorité.

De son côté, ma mère a souffert d'une maladie rare qui empêchait sa croissance. Plusieurs médicaments expérimentaux lui furent administrés et, par miracle, vers l'âge de dix-huit ans, son corps s'est transformé en celui d'une femme. Son père, porté sur l'alcool et le jeu, utilisait les revenus de son restaurant pour nourrir ses dépendances, ce qui laissait peu d'argent pour assurer le bien-être de sa famille. Ma mère était sévèrement punie lorsqu'elle refusait de se soumettre aux règles très strictes de son époque.

Au début de leur vingtaine, mes deux parents et leurs familles respectives ont dû quitter rapidement le Maroc à cause de problèmes politiques. Ils ont élu domicile en France et, c'est au cours de leurs premières années en tant que jeunes adultes immigrants, que mon père et ma mère on fait connaissance. Ils se sont brièvement fréquentés et mariés avec l'autorisation de leurs parents. Ils travaillaient tous les deux et économisaient chaque sou pour assurer un avenir confortable à leurs futurs enfants. J'avais trois ans, lorsqu'ils ont quitté la France pour immigrer au Canada, dans l'espoir d'une vie plus prospère.

Je suis née à Agen, en France, le 13 septembre 1965, vers deux heures du matin. Lorsque je demande à ma mère de me

CE QUI NE TUE PAS REND PLUS FORT

raconter la journée de ma naissance, je comprends que dès mes premières secondes de vie, j'ai dû me faire toute petite. Ma mère entretenait une grande crainte d'accoucher. Pour la rassurer, la sage-femme lui répétait pendant tout le travail qu'elle avait de fausses contractions. Je me suis donc faite minuscule pour ne pas lui causer de mal.

Pour des raisons financières, ma mère est retournée au travail et m'a confiée à ma grand-mère quelques semaines après ma naissance. Aujourd'hui, j'ai l'impression que ma mère et moi sommes toutes les deux maladroites en présence d'un bébé. Notre intolérance aux pleurs et aux cris explique notre haut niveau d'impatience et notre difficulté à décoder le sens de leurs messages. Ce sentiment d'insuffisance en ce qui a trait à l'instinct maternel nous a transformées en gendarmes de la maison. En plus de notre incapacité à comprendre notre enfant, nous avons développé un besoin de nettoyer et de contrôler notre environnement à l'extrême pour compenser cette insécurité.

Contrairement à ma mère qui avait opté pour le biberon afin de retourner sur le marché du travail, j'ai allaité mes trois garçons principalement pour accélérer ma perte du poids accumulé durant mes grossesses. Durant cette période d'allaitement, j'ai été temporairement plus tolérante avec mon corps, sachant qu'il permettait à mes enfants de se nourrir.

Dans l'ancienne mentalité, on prétendait qu'un enfant propre et nourri n'avait pas de raisons de pleurer; que le fait de le prendre et le bercer pour apaiser ses pleurs l'encouragerait à devenir manipulateur. Mes parents ont adhéré à ce principe. J'ai trouvé des moyens de me réconforter comme celui de sucer mon pouce jusqu'à l'âge de six ans.

Sans avoir de souvenirs précis, je me rappelle que l'on disait de moi que j'étais une petite fille modèle, le rêve de tout parent. L'objectif commun de mes parents était de m'offrir la chance d'avoir accès à une éducation dans les meilleures écoles privées, de porter des vêtements à la mode et de suivre des cours de danse pour développer un bon maintien. Ils voyaient à travers moi la réalisation de leurs rêves. De mon côté, je voulais être plus que parfaite afin qu'ils soient fiers de moi. Je ne me salissais pas, j'étais toujours obéissante et je travaillais fort à l'école pour obtenir des notes qui les rendraient fiers de moi.

En plus de m'aider à faire mes devoirs, mon père adorait faire des activités sportives avec moi. J'ai hérité de son endurance physique et de sa capacité à dépasser les limites normales. Ma mère et moi étions folles du magasinage. Nous passions des journées entières dans les centres d'achat et les salles d'essayage. C'était notre passe-temps favori et notre définition du paradis.

L'éducation que j'ai reçue durant mon enfance a été fortement influencée par la mentalité des familles européennes. Les enfants-rois que l'on retrouve couramment sur le continent nord-américain n'ont pas leur place en France et leur comportement est considéré comme étant un manque de discipline de la part des parents. Dans cette optique, inculquer une bonne conduite aux enfants assure le respect accordé aux parents.

Au fil des ans, j'ai découvert le plaisir de manger et suis devenue une petite fille gourmande. Les conséquences d'une alimentation copieuse ont commencé à avoir un effet évident sur mon apparence physique. À l'âge de quatre ans, le pédiatre a conseillé à ma mère de me mettre au régime et de m'inscrire à des cours de ballet classique pour aider mon corps potelé à s'amincir.

La danse, surtout le ballet classique, a probablement été un des premiers déclencheurs de mon anorexie. Avant le début de chaque cours, les ballerines étaient scrutées minutieusement et pesées afin qu'elle garde un corps svelte et sans gras. Également, pour devenir une danseuse étoile, il ne fallait pas avoir peur de la compétition. Les jeunes filles étaient prêtes à tout pour avoir le premier rôle, et se priver de manger n'était qu'un moyen parmi tant d'autres.

Je me souviens comme si c'était hier de mon premier spectacle de danse. Faute de ne pas avoir le profil d'une vraie ballerine, j'ai joué le rôle du champignon dans la pièce de théâtre *Pierre et le loup*. Rapidement, j'ai compris que mon corps faisait obstacle à mes rêves et que je devais le dompter. La guerre avec mon corps a alors commencé de plus en plus intensément. Je savais déjà que beaucoup d'efforts seraient nécessaires pour qu'il prenne l'apparence souhaitée. J'entendais le professeur me dire et me répéter : « Rentre ton ventre! », « Tiens-toi droite! », « Serre les fesses! ».

Les sept premières années de ma vie ont été marquées par de beaux moments passés avec mes parents alors qu'ils m'accordaient tout leur amour et leur attention. Puis, ma mère, croyant ne plus pouvoir enfanter, m'a annoncé la venue d'une petite sœur pour Noël. Elle est née le 6 décembre. Quel bonheur! Une vraie poupée avec qui je pourrais jouer. Mais les miracles s'accompagnent parfois d'une grande peine. Ma grand-mère est tombée gravement malade et est décédée du cancer que quelques jours après la naissance de ma sœur Isabelle.

Ma mère a sombré dans une grave dépression et, du jour au lendemain, je n'avais plus ma grand-mère pour s'occuper de moi, ni ma mère pour me réconforter, ni mon père comme compagnon de jeu. J'ai alors compris que l'on s'attendait à ce que je devienne autonome rapidement. Je devais devenir la grande sœur la plus gentille au monde et offrir mon aide à mon père qui était dépassé par les événements.

Je me souviens du changement radical de nos premières vacances au bord de la mer. L'horaire du bébé ne permettait pas toujours à mes deux parents d'être avec moi. Ils me tenaient compagnie à tour de rôle sur la plage.

Les sept ans de différence d'âge entre ma sœur et moi ont créé durant plusieurs années un bouleversement important au rythme de vie auquel je m'étais habituée. Étant une personne extrêmement sensible, je crois que la venue de ma sœur m'a durement marquée. L'exclusivité qu'on m'avait accordée n'était plus possible et, maintenant, je prends conscience que l'adaptation à ces changements a été très difficile. Encore aujourd'hui, je recherche l'exclusivité et l'attention des autres.

Mes parents travaillaient de longues heures pour s'assurer que ma sœur et moi ne manquions de rien. Ma mère travaillait de jour et de soir et mon père acceptait des heures supplémentaires durant les week-ends. Ils voulaient tous les deux nous offrir le luxe dont eux-mêmes avaient été dépourvus. Nous inscrire à l'école privée, nous acheter des vêtements à la mode et nous offrir des vacances au bord de la mer tous les étés, étaient pour eux des preuves d'amour et de leur réussite.

Les apparences, qui influencent souvent les premières impressions, ont toujours eu une place de choix dans ma famille. C'était peut-être mon problème, mais je me sentais dans l'obligation d'être parfaite en tout. Mes loisirs avaient toujours un lien direct avec l'objectif de maintenir un corps mince et en santé. La nourriture me faisait de plus en plus peur, car j'avais de la difficulté à contrôler mes portions. Je détestais les moments passés à table où nous discutions de nos journées.

Mon incapacité d'être la meilleure dans tous les domaines de ma vie afin de prouver à mes proches que j'étais une petite fille parfaite m'empêchait de parler de mes états d'âme. Avec le temps, cette tension est devenue de plus en plus intolérable et je me suis mise à associer l'alimentation à cette sensation négative.

À la puberté, mon corps a commencé à attirer l'attention des hommes. J'ai des souvenirs vagues d'occasions où l'on me stimulait à découvrir la sexualité. Ce corps de femme qui prenait trop d'importance ne m'apportait que des inconforts qui, somme toute, étaient des conséquences négatives et déplaisantes.

Ma performance scolaire a donc dégringolé, je n'apprenais plus assez vite, je n'étais pas une bonne grande sœur, je n'aidais pas suffisamment ma mère à faire le ménage, j'étais trop gourmande, je n'étais jamais satisfaite de mon sort et j'en demandais toujours trop aux autres. En résumé, je n'étais plus la bonne petite fille obéissante que ma famille avait connue jusque-là. Je m'étais transformée en jeune fille indomptable. La honte s'est installée alors en moi et je me suis repliée sur moi-même. J'ai perdu toute confiance en moi et j'ai commencé à avoir de la difficulté à socialiser. Mon réseau d'amis n'était composé que de deux ou trois camarades d'école et à une petite voisine. C'est durant les années du secondaire que la sensation d'être rejetée a atteint son apogée. Étant deux années plus jeune que les élèves de mon niveau scolaire et ayant reçu une éducation européenne stricte, je n'avais pas l'autorisation de sortir le soir avec des amis. Je passais donc mes soirées à regarder la télévision ou à écrire des poèmes dans ma chambre. Je me demandais souvent pourquoi j'étais venue au monde.

Pour combler le vide et ma solitude, l'activité physique m'a servi d'exutoire. Je me suis inscrite successivement à des cours de ballet classique et de ballet-jazz, pour ensuite enchaîner avec la danse aérobique et le jogging. Mettre mon corps au défi et repousser sans cesse mes limites, ces dépassements représentaient un jeu pour moi. Quand j'obligeais mon corps à souffrir pour accomplir les buts que je m'étais fixés, je redevenais une bonne personne et je rêvais d'être sauvée par un prince charmant.

L'anorexie prenant de plus en plus de place dans ma vie, ma perte de poids s'est accentuée. Ma maigreur de plus en plus évidente a totalement fait paniquer mes parents et ils ont pris toutes les mesures nécessaires pour me remettre dans la bonne direction. Ils m'ont fait consulter des psychologues et des psychiatres, tout en réduisant mon accès aux activités physiques. Cette approche a déclenché en moi de grandes colères et des frustrations. J'ai donc pris la décision de jeter ou cacher la nourriture pour ne plus manger. Dans les situations où cela m'était impossible, j'allais me faire vomir par la suite en cachette.

Décider du poids qui s'afficherait sur le pèse-personne est graduellement devenu mon obsession. N'étant plus capable d'être une fille modèle, j'utilisais mon corps pour prouver ma force et ma capacité de contrôle sur moi-même. Tout mon temps et mon énergie étaient consacrés à cet objectif qui me donnait l'impression d'être supérieure aux autres. La routine de l'anorexie a commencé à faire partie de mon quotidien. Faire des activités physiques en cachette, jeter la nourriture ou la vomir, rester en mouvement le plus longtemps possible, écouter la télévison debout, toutes ces tactiques m'assuraient une perte de poids quotidienne. Ma vie se résumait à bouger, à marcher et à manger le moins possible pour ne jamais prendre de poids.

Avec les années, j'ai continué à punir mon corps, mais pour des raisons différentes. Contrôler mon poids me permet aujourd'hui de gérer toutes sortes de situations conflictuelles ou stressantes. Le danger de cette stratégie repose sur le refus et, surtout, la peur de considérer d'autres moyens pour retrouver l'équilibre.

L'anorexie est ma meilleure amie, ma sécurité, ma dépendance, semblable à ce que vivent les alcooliques et les drogués.

Actuellement, je suis considérée comme une anorexique à cause de ma grande minceur et de mon incapacité à manger normalement, mais je ne suis plus malheureuse ou triste, et rarement dépressive. La décision de devenir une artiste-peintre à temps complet et de vivre de cette passion m'a permis de retrouver mon estime et ma fierté. Peindre à mon rythme et être entourée d'un mari et de trois fantastiques garçons que j'adore est la vie dont j'ai toujours rêvé.

CHAPITRE DEUX

La poésie et l'amour

J'ai par miracle conservé mon journal personnel écrit entre l'âge de douze et dix-huit ans. Je le mentionne, car je suis du genre à tout jeter. J'ai dû être nomade dans une vie antérieure.

J'ai consigné dans ce journal plusieurs poèmes sur l'amour et les peines d'amour, quelques passages sur ma vie au quotidien et sur l'interprétation de ma valeur aux yeux des autres. J'utilisais l'écriture comme moyen de défoulement en plus des nombreuses activités physiques obligatoires que je m'imposais dans mes activités journalières.

Dès l'adolescence, instinctivement, j'ai compris que je devais garder mon cerveau et mon corps constamment occupés pour ne pas sombrer dans la dépression.

Ce chapitre expose les poèmes les plus révélateurs de mon état psychique déjà extrêmement malade. J'avertis les lecteurs que les mots pour exprimer mon mal de vivre sont crus, parfois sauvages, et qu'ils peuvent s'avérer choquants. Je souligne également qu'à cet âge je ne prenais aucune drogue et aucun alcool. Mon imaginaire ne s'inspirait que de mes nombreuses phobies.

Également, je partagerai avec vous quelques extraits commentés de mon journal personnel en indiquant le mois et l'année d'écriture. Ce retour dans le temps permettra, je l'espère, une meilleure compréhension de la maladie mentale qui s'est sournoisement installée en moi à l'adolescence. La honte et l'incapacité de demander de l'aide sont des facteurs cruciaux qui font obstacle à une possibilité de guérison.

Voici quelques extraits de poèmes composés au cours de cette période de ma vie.

Perdue dans la brume,
elle regarde au loin ce chemin qui, pour elle,
n'est qu'un seul désir.

Des larmes chaudes s'écoulaient le long de son visage,
comme un cœur saignant d'une plaie
qui restera ouverte à jamais.

La tristesse
Mon cœur est brisé,
il saigne abondamment.
Mon amour n'était qu'un rêve
couvert d'illusions.
Pourquoi faut-il aimer?
Pourquoi faut-il pleurer?
La vie a peu d'importance
pour un simple rêve
qui ne m'est pas réservé.
La vie n'est maintenant pour moi qu'un trou noir
qui s'enfonce lentement
et dont je ne me sortirai jamais.

J'ai perdu le désir de vivre.
Je l'ai perdu là où l'on ne le trouve plus,
là où les yeux ne voient plus et
où les sourires ne sont plus que des pleurs.
Là où le soleil ne réchauffe plus les joues glacées.
Là où le vent n'assèche plus les larmes.
Je l'ai perdu comme on coupe les ailes d'un oiseau
qui vient à peine d'apprendre à voler.

Mon corps n'est qu'épave parmi les rochers ardents.
Mon âme n'est que silence dans l'enfer de la nuit.
Je n'ai comme ressource qu'un ciel gris et
quelques pétales de roses séchés.

Les yeux dans les yeux
Au loin, tu me regardes
de ton sourire mélancolique.
Je pense, je rêve.
Malgré le temps infini
qui se déroule, et malgré moi,
je suis et je resterai une enfant
qui cherche dans les yeux
un bonheur romantique.
Pourquoi t'éloigner de moi
alors que je me rapproche?
Est-ce un cauchemar qui m'engloutit
parmi ces pénombres inconnues?
Mais, un jour ou un soir, je pense
que tu me regarderas
les yeux dans les yeux,
et ce jour-là…

Une larme

Ça vient comme cela sans prévenir
après une rencontre ou un souvenir.
C'est doux, mais froid.
Ça descend le long du visage,
se répand et augmente soudainement,
se remarque dans les yeux rouges et tristes.
Mais aussi une larme fait exploser la joie
dans un cœur épanoui.
Une larme est toujours plus belle
lorsqu'elle est séchée.

L'enfance

Ce sourire malicieux,
ses petits yeux doux,
ses petites mains cherchant la sécurité,
ce corps si fragile, mais qui ne cesse de s'éveiller.
L'enfant exprime ce qu'il ressent
tout comme un peintre,
mais lui, il est si simple
qu'il paraît être compliqué!

CE QUI NE TUE PAS REND PLUS FORT

Je sens en moi quelque chose d'inconnu.
Mon esprit divague comme une étoile perdue.
Mes pensées ne sont plus que regrets et
mes espoirs s'enfuient au fil du temps.
Je ne vis plus que pour demain en pensant à hier.
Arrêter le temps, arrêter le vent, pour enfin respirer.

Une chaîne m'entoure et me serre.
Je ne peux pas la briser. Elle s'incruste en moi.
Le silence résonne à l'intérieur de mon âme.
L'orage m'interpelle et brandit sa torche rougissante
pour ne laisser derrière lui qu'un lugubre désert.
Hésitant sur la grève, je frémis de désespoir
et je me laisse châtier au nom de la peur.

La cinquième saison
Un enfant, un sourire,
un éclat de rire,
je pleure, j'explose, j'aime,
je suis entière, je suis sur terre.
Je prends ma place
à coup de dents, à coup d'amour.
Je veux que tu me parles,
écoute-moi.
Même mon silence te dit que je suis là.
Mon regard dit tout.
Voulue ou non,
accepte-moi.
Souviens-toi
que c'est pour toi
que je suis là.

Piano

Chaque note est un son
et chaque son est une histoire.
Ta voix si sourde pareille à un cri
implore le silence.
Ton chagrin, ton refrain
font de toi un homme.
Ta musique, semblable à des milliers de gouttes d'eau
descendant le long d'un ruisseau,
me fait penser à une mer déchaînée.
Chaque son, chaque note
résonne dans mon cœur
en lui laissant une marque
qui ne pourra jamais s'effacer.

La rue

Rue morte, sans vie,
où seuls quelques piétons s'aventurent.
Je l'ai parcourue
protégée par un parapluie.
Je cherchais sans savoir où aller.
J'avais en moi ce chagrin
qui bouleverse une vie.
Mon visage mouillé de douleur
regardait droit devant
cherchant une autre rue,
un autre chemin perdu.

Sans chagrin
Chaque larme qui s'évade de mon corps
détruit lentement mon âme.
Transie par la peine,
je frémis de froid.
Je marche dans la rue
sans trottoirs pour me guider.
Ce que le ciel avait prédit
est maintenant arrivé.
Ni moi, ni personne
ne pourra le changer.
Sacrifier mon avenir
pour rendre les autres heureux.

Croissant de lune
Toi qui éclaires mes nuits
tristes et sombres,
viens te poser
aux creux de mes bras.
Comme un enfant qui s'émerveille,
tu scintilles dans la suie de l'obscurité.
Lune éternelle qui loge les rêves
de milliers d'enfants,
tu existes et tu vis,
sans début et sans fin.
Les nuits sont les jours de ta croyance
et l'aube qui emporte mon bonheur
sera à jamais reniée.

Jeunesse

Tu moissonnes
et récoltes les fruits de la vie.
La pudeur de ton âme
envahit la contrée.
L'insouciance de tes désirs.
Immortelles souffrances.
Je vacille à travers le temps,
le cœur penaud d'avoir tout oublié.
Refus d'aimer et de jouir du mal.
Impure et désinvolte,
jeunesse de tous les temps.

Chagrin

Je vis sans aimer.
Mon âme erre
au hasard dans les rues
cherchant en vain le repos.
Tu as pourri dans mon cœur,
j'ai craché ton malheur
et j'ai vomi de chagrin.
Vide de tout désir,
je ferme les yeux
et mords mes lèvres
pour m'empêcher de crier.

Le froid

Le froid blanc et lourd
recouvre la montagne.
Comme un champ de fantômes
murmurant leur douleur,
je gravis par-dessus les cimes
atteignant le sommet.
Je sens mon corps trembler,
un frisson me parcourt.
Je résiste,
je frissonne,
je m'agrippe aux nuages.
Je cherche le soleil,
rien ne vient.
Un cri d'angoisse
s'échappe de ma bouche.
Je sombre lentement
dans le coma
plus aucune douleur.
Mes oreilles bourdonnent,
mes yeux se brouillent,
mon cœur palpite,
je me réveille dans un autre univers.

L'angoisse se meurt, la paix continue. Ainsi s'achève la vie qui, au même instant, crie une autre naissance. Les blessures douloureuses taillées dans nos chairs ne font que réveiller en nous la conscience de notre souffle. Ne nous dérobons pas à notre destinée. Sachons l'affronter avec vertu et foi.

La nourriture s'installe au creux de l'estomac. L'envie irrésistible de vomir me prend à la gorge. Mes spasmes musculaires envoient à mon corps un influx nerveux glacial. Je rêve de pouvoir arracher de mon être cet organe viscéral et de vivre vêtue d'os croustillants sous un soleil de plomb.

Le froid rongeant la moelle de mes os a fendu en deux la cervelle de mon crâne. Plongeant au cœur de mes tripes et ovaires, j'ai découvert une main coupée à la scie.

Je pensais l'avoir, mais je ne l'ai plus. On me le donne et l'on me le reprend. Je ne sais plus quoi penser. Mes envies chavirent vers la folie. J'essaie de me raccrocher. J'ai peur de retomber dans cet enfer. J'ai peur, peur, peur... Aidez-moi avant qu'il ne soit trop tard.

Je me sens seule dans ma chambre, cachée derrière mes verres fumés. Les vitres embuées d'avoir trop pleuré. Une lampe faiblement éclairée trace mon ombre sur un des murs craquelés. Dehors la nuit tombe. À mille lieux, une âme s'est endormie et je rêve à elle.

Une année s'est écoulée, laissant derrière elle l'ombre d'une enfant perdue. Une nouvelle femme s'est relevée, brûlante d'amour et de tendresse. Elle t'appelle d'un souffle léger, pour te demander de la protéger, de la bercer au creux de tes bras durant toute une vie. Elle est moi et je suis elle. J'ai besoin de ton amour. Viens me chercher, je t'attends fidèlement.

Extraits de mon journal personnel

15 juillet 1980

N'ayant plus d'idées pour composer des poèmes, j'ai décidé d'écrire un journal. Je voudrais tout de suite dire que j'essaie de faire passer le temps plus vite pour oublier de manger, car je suis au régime. Tout le monde me dit que je suis trop maigre, mais moi, je ne m'aime seulement quand je peux sentir mes os. Je coure presque tous les jours pour me préparer au Marathon de Montréal. Je suis en vacances depuis une semaine, en camping au bord de la mer. J'ai rencontré deux garçons, Jeff qui a dix-huit ans et qui fait du surf et Christophe aux beaux yeux bleus, mais un peu grassouillet. Avant de partir travailler avec son père, Christophe voulait m'embrasser, mais j'ai refusé. Il l'a déjà fait trois fois et ça ne me tentait plus, alors je me suis sauvée à la plage et je l'ai laissé là. Maintenant, je me sens seule et j'écris dans la tente. Ma tante vient de demander où je suis, je les entends parler et, pour changer, ils mangent. Je reste ici pour qu'ils ne me forcent pas à manger. Bon, on m'appelle pour le repas du soir, je n'ai pas le choix ERK!!! Je vais me coucher tôt ce soir, car demain j'irai courir sur la plage, je dois manger pour courir, mais j'ai peur. Je vais surveiller mes habitudes et l'on verra bien.

17 juillet 1980

J'ai eu la peur de ma vie ce matin, j'ai cru que quelqu'un avait trouvé mon journal. Dorénavant, je vais le cacher dans un endroit plus sûr. Ce matin, j'ai couru avec difficulté, car j'avais trop déjeuné. Ce soir, nous allons à la ville manger au restaurant, attention à la diète… En attendant de partir, ils ont tous mangé des croustilles pour l'apéritif. Je me réfugie dans la tente pour ne pas grignoter.

Je haïssais mon corps en pleine transformation. Les sorties en famille au restaurant devenaient angoissantes et je trouvais toutes sortes d'excuses pour ne pas y participer. Je préférais la compagnie d'autres personnes, de peur qu'on m'oblige à manger.

21 juillet 1980

En vacances en Caroline du Sud, mes parents, mon oncle et ma tante sont allés manger au restaurant à Savannah. Moi, je reste pour surveiller les plus jeunes (ma sœur et ma cousine) et m'ennuyer comme d'habitude. Christophe ne me dit même plus bonjour; je suis comme un chien pour lui, je ne veux plus le revoir. La dernière fois que je lui ai demandé de m'accompagner sur la plage, il m'a dit que ses parents ne voulaient pas... Quelle belle excuse! Je me sens si seule.

Je me souviens de cet été déprimant où aucun garçon ne voulait devenir mon amoureux. J'avais un gros ventre de bébé, pas de seins ni de belles fesses comme toutes les autres filles de mon âge. Je ne pouvais pas sortir le soir, alors les garçons qui s'intéressaient un peu à moi durant la journée m'avaient oubliée dès le lendemain.

Ces vacances au bord de la mer m'ont confirmé que je n'étais pas une fille attirante. J'étais convaincue que je n'aurais jamais d'amoureux de ma vie. L'idée de briller à l'école en ayant les meilleures notes possibles s'est alors installée dans mon esprit comme une priorité. Si je n'avais pas un beau corps, je serais au moins intelligente.

N'étant pas convaincue de mes chances d'être acceptée à l'université, je continuais de suivre des cours de danse aérobique, rêvant de pouvoir devenir professeure de haut calibre.

20 novembre 1981

Je pèse maintenant près de 110 livres, j'ai recommencé à manger. Parce que l'hiver arrive, j'accepte de grossir un peu, je ne veux pas avoir froid en faisant du ski. Mais cet été, je vais recommencer mon régime et ne plus manger le midi.

31 décembre 1981

J'ai participé à une session intensive de ballet-jazz, ce fut fantastique et essoufflant. J'étais à certains moments très fatiguée, mais je suis résistante et je sais comment me pousser plus loin encore. J'ai logé chez ma professeure qui habite à Montréal, tout près du studio. C'était la meilleure solution pour éviter de voyager matin et soir, car mes parents habitent sur la Rive-Sud de Montréal. Je n'ai presque rien mangé chez elle.

Je me sentais et me voyais obèse à côté des autres danseuses et j'avais honte de moi. J'ai donc décidé de commencer un régime draconien afin d'augmenter mes chances d'être choisie pour présenter un solo dans le spectacle de fin d'année. J'avais entendu parler de danseuses qui ne mangeaient qu'une pomme et un morceau de fromage dans toute leur journée. Je me disais : si elles sont capables de le faire, je le peux aussi.

1ᵉʳ janvier 1982

Le jour de l'An a été pénible, je me suis beaucoup ennuyée. J'étais seule de vingt et une heures à une heure du matin. Tout le monde avait quelqu'un avec qui s'amuser, sauf moi. Je n'ai pas mangé de la soirée. Vers une heure du matin, j'ai pris un peu de salade, du fromage, une mandarine et une brioche.

Je ne pensais qu'à la nourriture interdite, aux restrictions que je m'étais imposées, aux calories de chaque aliment, au nombre d'heures de sport que je devrais faire chaque jour pour brûler les calories que l'on me forçait à manger. La nourriture me faisait de plus en plus peur et je craignais de ne plus être capable de lui résister. Mon entourage surveillait mes faits et gestes et il m'était de plus en plus difficile de cacher la nourriture que l'on me servait. À l'école, c'était facile : je n'avais qu'à jeter le contenu de ma boîte à lunch. La faim me faisait souffrir, mais je la combattais en me disant que j'étais plus forte qu'elle.

Mai 1982

Je n'en peux plus, je veux mourir, je vais devenir folle, je ne peux plus courir et on me force à manger.

Plus on me demandait de prendre du poids et plus je maigrissais. Ma volonté de maigrir augmentait, car je sentais le besoin de me prouver que personne n'avait de contrôle sur moi. Me priver de nourriture était mon arme de vengeance ultime que j'utilisais à toutes les sauces. N'importe quel reproche était synonyme d'une perte de poids supplémentaire.

10 août 1982

Je viens de passer plus d'un mois chez ma tante qui vit aux États-Unis. J'ai pu maigrir de quatre kilos et demi. Maintenant, le problème est de ne pas les reprendre. Mon moral n'est pas trop désespéré, je m'en tire tant bien que mal.

À la demande formelle de mes parents, j'étais allée passer l'été chez une tante qui vivait aux États-Unis. Mes parents pensaient que cette dernière réussirait à me faire manger et que je reviendrais à la maison avec un poids normal. Le contraire s'est produit, car j'ai découvert la boulimie en regardant une émission de télévision.

Cette conduite alimentaire me permettait de manger devant les autres pour les satisfaire et, par la suite, de passer aux toilettes pour vomir presque tout et ainsi ne pas prendre de poids. Les mois suivants se sont écoulés dans un va-et-vient irrégulier de phases boulimiques entrecoupées de périodes anorexiques.

Quand je me privais trop longtemps, je planifiais une orgie de gâteaux, bonbons, crème glacée, chocolat, et j'allais au restaurant du coin pour vomir.

5 février 1983

Je reprends mon régime draconien, car je dois perdre quatre kilos et demi et, si possible, sept. Je sais que j'en suis capable en un mois. Je suivrai trois cours de ballet-jazz par semaine, deux au studio et un autre cégep. Je me suis inscrite à l'Université de Montréal en orthophonie et audiologie.

Le cégep étant terminé, mon père m'a suggéré d'étudier en orthophonie et audiologie. Il avait entendu dire que près de 90 % des étudiants inscrits à cette discipline obtenaient un emploi très bien rémunéré à la fin des quatre années d'études. J'ai suivi son conseil et je me suis inscrite à l'université, car de toute façon, je croyais avoir raté ma vie. Mon rêve de devenir ballerine ou professeure était dorénavant impossible.

20 mars 1983

Je dois aller voir un psychologue tous les mardis, alors que je n'en ai pas vraiment besoin...

Avec le temps, mon niveau de résistance à la faim a augmenté et je ne la ressentais plus comme au début. J'entrais graduellement dans la phase agréable de l'anorexie, celle des sensations euphoriques ressenties après plusieurs jours de jeûne.

9 juillet 1983

Nous sommes partis de la maison vendredi soir et nous avons roulé toute la nuit. Nous avons pris notre petit-déjeuner au restaurant et lunché dans un parc (mes parents ayant préparé un pique-nique). Nous avons deux jours de route avant d'arriver à notre hôtel pour les vacances d'été. Cette année, j'ai l'intention de me faire beaucoup d'amis et un amoureux pour moi toute seule.

11 juillet 1983

Hier après-midi, j'ai rencontré un Américain sur la plage, il a vingt-trois ans et s'appelle Philip. Je crois qu'il me trouve de son goût, mes vacances vont bien se passer. »

Les vacances en famille finissaient souvent en queue de poisson. J'ai fini par croire que pour ma santé mentale et physique, qu'il était préférable pour moi de toujours travailler et d'oublier les vacances.

15 novembre 1983

C'est fini avec Martin, il me faisait beaucoup de peine, alors je lui ai dit qu'on devait se laisser, même si je l'aime encore. J'ai peur de me retrouver seule encore…

Je tombais en amour avec des hommes qui me manipulaient ou me promettaient la lune. D'autres m'utilisaient pour quelques semaines, puis se débarrassaient de moi sans raison. Je me rendais l'esclave de chacun d'eux de peur qu'il ne me quitte pour une autre, pensant en mon for intérieur que je n'avais presque rien à offrir à un homme.

2 janvier 1984

Beaucoup d'eau a coulé sous les ponts depuis que j'ai écrit. J'ai aimé, adoré, haï et espéré, mais je n'ai toujours pas trouvé l'amour de ma vie. Le trouverais-je un jour? Noël et le jour de l'An se sont bien déroulés. J'ai fait sensation avec mes quatre kilos et demi en plus, et même en trop, car je pèse maintenant presque 55 kilos. Je dois redescendre à quarante-sept kilos avant l'été, et je me donne deux mois pour y arriver.

Mes crises de boulimie étaient de plus en plus rapprochées et mon poids augmentait à une allure vertigineuse. Le stress que je vivais à l'université était au-delà de mes forces. L'orthophonie et l'audiologie n'avaient aucun attrait pour moi. D'autre part, 90 % des étudiants étaient de sexe féminin et la jalousie qui régnait au sein du groupe me rendait folle.

7 janvier 1984

Je crois que j'ai enfin trouvé la perle rare. C'est l'homme qui surveille l'entrée d'une discothèque que je fréquente depuis plusieurs mois. Il s'appelle Serge et aura dix-huit ans au mois de février, il est doux et romantique.

Mon père me prêtait son auto. Pour rattraper toutes les années passées sans sortir, je fréquentais les discothèques tous les week-ends. Personne n'était au courant de mes crises de boulimie. J'étais devenue experte dans le choix des aliments les plus faciles à vomir en un temps record.

15 janvier 1984

Je suis sortie au club Le Clandestin hier et j'ai eu du plaisir. Serge est venu me dire qu'il préfère rester célibataire encore un certain temps. Et je me retrouve seule encore une fois.

26 février 1984

La course est enfin finie. Enfin… je le crois. Il est tendre et romantique. Il m'écrit des lettres et m'envoie des cartes toutes les semaines. J'ai passé la soirée de la St-Valentin comme dans un conte de fée. Mes règles sont revenues depuis deux semaines, je crois que c'est dû à son amour. Cet après-midi, je vais chez le médecin pour me faire prescrire la pilule. Dans quelques jours, nous allons fêter notre premier mois ensemble.

Je l'ai rencontré un soir de février 1984. Il a capturé mon cœur dès les premières secondes avec ses promesses de prendre soin de moi pour toujours. Je croyais avoir enfin trouvé un homme en qui je pourrais avoir totalement confiance et qui me respecterait. Pensant déjà au mariage et aux enfants, je me suis facilement laissée convaincre de me livrer totalement à lui. Je cachais ma gêne et mes complexes. Je n'osais pas avouer mon aversion et mon dégoût pour le sexe. La seule chose qui comptait dans ma vie était de le satisfaire pour éviter de le perdre.

7 mars 1984

En ce moment, je passe à travers une période difficile. Je n'arrive plus à me contrôler avec la nourriture et cela m'empêche d'être bien. Il faut que je me contrôle.

J'avais perdu tout intérêt pour les études et j'ai été renvoyée de l'université. J'ai donc pris la décision de travailler en attendant de savoir ce que je voulais faire de ma vie. Je me sentais comme un morceau de viande, un objet sexuel jetable. Mon corps de femme semblait m'offrir que deux options : accepter d'être une esclave ou le détruire.

18 mars 1984

Je pense que je suis frigide. Faire l'amour me fait mal et je ne suis pas bien dans ma peau. J'ai toujours envie de pleurer. Je crois que notre relation est purement sexuelle. J'aurais envie de lui avouer que mon anorexie n'est pas finie, mais que je la cache avec plus de finesse. J'ai l'impression que je suis en train de gaspiller ma vie. Vendredi, j'ai rendez-vous avec mon ancien psychiatre, j'espère avoir le courage de lui en parler.

Je n'ai jamais été capable de parler ouvertement de mes problèmes sexuels avec le psychiatre. Je croyais qu'une femme devait satisfaire son partenaire et régler la situation toute seule.

19 mars 1984

J'ai avoué mes crises de boulimie et il veut m'aider. Je l'aime et je suis prête à souffrir pour lui. Je dois maigrir et retourner à cinquante kilos.

Comme d'habitude, je disais que c'était moi le problème et qu'à l'avenir, j'allais me comporter de la bonne façon.

15 avril 1984

Je souffre beaucoup en secret. J'ai tellement peur de me retrouver seule. J'ai peur qu'il me quitte, car il dit se sentir obligé d'être avec moi.

25 avril 1984

Je vais commencer une nouvelle vie. J'ai encore peur de grossir, mais j'essaie de ne pas trop y penser. J'aimerais dans le futur avoir un garçon vers l'âge de vingt-huit ans et une fille à trente ans. Cette partie de mon journal que je terminerai bientôt soulignera la fin de mes malheurs et le début du bonheur.

Je faisais semblant d'être heureuse en me répétant que c'était ça l'amour et que je devais m'y faire. Les histoires de contes de fée n'étaient pas réelles et je devais apprendre à m'oublier et à assumer mon rôle de femme.

28 avril 1984

Tout va pour le mieux maintenant, sauf une chose… je dois encore me faire vomir pour que mon poids reste stable. Je me trouve belle, mais pour le rester, je dois prendre des mesures drastiques.

J'utilisais la boulimie pour remplir le vide que je ressentais à l'intérieur de moi. Lorsque je retournais chez moi à deux heures du matin, je m'arrêtais pour acheter un dessert que je savourais en revenant à la maison. Une récompense pour mes efforts et ma bonne conduite.

3 mai 1984

Ça ne va pas du tout. Il me dit que je ne pense pas avec ma tête et que je n'apprécie pas tout ce qu'il fait pour moi. Je ne sais plus quoi faire, je me sens perdue, manipulée, j'ai l'impression qu'il voudrait tout changer en moi. Pourquoi faut-il que les autres veuillent toujours me changer? Suis-je si anormale et bizarre? Je voudrais tellement plaire et être aimée. Je sens qu'il y a des personnes qui sont jalouses de moi et, pourtant, je n'ai rien de spécial. Je crois qu'en essayant toujours de se changer, on finit par ne plus se comprendre et ne plus pouvoir trouver le vrai amour. Moi, je suis prête à tout donner. C'est vraiment trop difficile d'aimer.

Je ne savais plus ce qui était bien ou mal, normal ou dysfonctionnel, sensuel ou sexuel. Il m'avait convaincu qu'il était la seule personne au monde capable de me supporter et de m'aimer. S'il me quittait, je perdrais tout, car j'avais repoussé ma famille et mes amies pour lui être entièrement disponible. Je devais donc choisir entre son contrôle absolu ou l'isolement total, et d'une façon ou d'une autre, j'allais souffrir et disparaître.

11 juillet 1984

J'ai l'impression qu'il me détruit lentement, mais je n'ai pas la force de le quitter. Je ne sais plus quoi faire. Je suis écœurée de vivre. C'est si difficile que ça aimer? Je voudrais partir loin de tout et refaire ma vie.

Je souffrais dans ce corps de femme que je détestais de plus en plus.

2 septembre 1984

Je suis seule au fond de moi. Je suis peut-être trop exigeante envers les autres. Je dois être la gentille petite fille, ordonnée, vaillante, studieuse et, surtout, toujours obéissante. Je dois aussi être la compagne dépendante qui répond toujours au besoin de son bien-aimé. Mais moi, qui suis-je réellement? Je veux être tellement de personnes différentes pour satisfaire tout le monde. Plus on m'en demande et plus j'en exige de moi-même. Je veux devenir parfaite et je retombe encore plus profondément dans l'anorexie bien cachée, mais qui me fait souffrir énormément. Je suis de plus en plus seule, je suis épuisée, je n'ai plus envie de parler ni d'écouter. J'ai envie de pleurer, mais je ne peux pas, car je dois être forte devant les autres, je dois le devenir, je vais le devenir. L'amour et la haine ne sont pas faciles à comprendre et à vivre. J'aurais tellement voulu être une autre personne, mais il est trop tard maintenant.

14 septembre 1984

J'ai trouvé la raison qui me pousse à maigrir de nouveau. Je veux être fragile et sans défense. Que les gens aient pitié et arrêtent de me faire souffrir. Je rêve trop, je veux tant de choses sans vraiment savoir ce que je veux. Je me hais tellement que je fais fuir tout le monde autour de moi. Je devrais être une femme mature maintenant que j'ai dix-neuf ans et, pourtant, je me sens minuscule comme un bébé qui a toujours besoin d'affection et d'attention. Je devrais aider et servir les autres et m'oublier totalement, mais j'en suis incapable. Je dois mourir, car j'ai trop besoin qu'on s'occupe de moi.

23 novembre 1984

Il veut me fiancer pour que j'aille le rejoindre dans la province où il va travailler. Mes parents ne veulent pas que j'abandonne mes études pour lui. Je ne sais plus quoi faire.

Son départ m'avait permis de réaliser qu'il avait moins de contrôle sur moi que je ne le pensais. Il m'envoyait des lettres d'amour tout en m'avertissant de façon menaçante de ne pas le tromper. Il me demandait d'être forte pour nous deux et d'attendre patiemment qu'il vienne me chercher. Je n'avais vraiment pas envie de m'exiler hors du Québec pour devenir sa femme, ni surtout, sa femme de ménage. J'ai commencé à reprendre contact avec mes amies et à m'autoriser des sorties avec elles de temps à autre.

Ici s'arrête abruptement mon journal. La suite est assez simple. J'ai su qu'il m'avait trompée avec bon nombre de filles pendant des mois. Je me suis réveillée à temps et j'ai décidé de terminer mes études à l'université.

Le 8 février 1985, je suis sortie danser avec un ami et sur la piste de danse, j'ai rencontré mon futur époux, Philippe, l'homme qui depuis vingt-huit ans ne cesse de m'aimer et de croire en moi.

Mes nombreuses difficultés n'ont pas incité mon mari à prendre la fuite et il ne m'a pas jugée non plus. Il a fait le serment de me respecter et de m'accompagner jusqu'à ce que la mort nous sépare, et il continue de tenir sa parole.

Philippe aurait dû être mon premier amour, mais la vie en a voulu autrement. Je sais qu'ensemble nous vivrons des moments incroyables, car nous nous portons un grand respect et c'est ce qui importe avant tout.

CHAPITRE TROIS

Garder l'équilibre à travers le déséquilibre

Ma relation avec Philippe est la version contraire de ma relation avec mon premier amoureux. Les parents de Philippe ont proposé à leur fils une éducation diamétralement opposée à celle préconisée par les miens. Leur devise : vivre et laisser vivre. Comme Philippe, ils laissent la personne prendre ses propres décisions et n'imposent aucun choix de vie. Ma relation de couple s'est avérée extrêmement déstabilisante au début. J'étais libre comme l'air et Philippe me faisait entièrement confiance. Comme j'avais passé plus de vingt ans de ma vie à être contrôlée, ce changement radical a engendré sa part de perturbations.

L'autonomie accompagne la responsabilisation et permet à l'être humain d'atteindre sa maturité d'adulte. N'ayant pas eu l'opportunité de développer une autonomie personnelle, j'ai choisi l'option de demeurer une enfant dans un corps d'adulte, déniant ainsi mes responsabilités. Encore aujourd'hui, le style de pédagogie de mes beaux-parents me renverse totalement et m'amène à me poser beaucoup de questions. Ayant moi-même des enfants à éduquer, je sais que je dois absolument réviser mes théories sur l'éducation en général et, en particulier, sur ma définition de l'indépendance.

Cette ouverture d'esprit a permis à mon mari d'entretenir des relations durables avec beaucoup d'amis, des copains d'école et des camarades du quartier. Au début de notre relation, Philippe était constamment invité à des soirées entre amis et il me proposait toujours de l'accompagner. Je refusais la plupart du temps, car je me sentais comme un éléphant dans une boutique de cristal. Établir des relations avec les autres était extrêmement difficile pour moi; je préférais l'isolement à la socialisation. Quand je n'avais plus d'excuses pour décliner les invitations, je me mêlais au groupe et je faisais semblant d'avoir du plaisir pendant que le temps passait. Me sentir seule au milieu d'une foule était beaucoup plus accablant que de choisir la solitude. Le seul avantage que je retirais de cet effort était de ne pas succomber à une crise de boulimie.

La grande jalousie que je cultivais à l'égard des amis de Philippe justifiait la planification de mes orgies boulimiques. Quand il quittait la maison pour rejoindre des amis, je me précipitais à l'épicerie et me procurais les aliments que je classifiais comme interdits : crème glacée, biscuits, beignes, gâteaux. De retour à la maison, je les mangeais avidement, le regard fixé sur la télévision. C'était purement de la compulsion et de la révolte; ma façon de remplir le vide que je ressentais au fond de moi.

Mes premières années de vie de couple avec Philippe ne sont pas de bons souvenirs pour moi. Pour maintenir un poids le plus bas possible, je m'imposais une routine extrêmement contraignante. Je faisais une heure et demie de jogging par jour du lundi au vendredi; durant le week-end j'augmentais à deux heures. Selon un horaire spécifique et rigide, je m'autorisais à manger que certains aliments sans sucre ni gras.

Ma vie était un combat où s'opposaient les besoins normaux de mon corps et ma conviction que je n'avais pas le droit de céder à sa volonté. Mon incapacité à jouir de la vie et à profiter de l'insouciance de la jeunesse me rendait amère et distante. La consommation d'alcool, de cigarettes et de drogues était abondante chez les jeunes de mon âge lors des fêtes qu'ils organisaient. Quand je laissais Philippe s'y rendre sans moi, je mourais de peur à l'idée qu'il puisse tomber amoureux d'une autre fille et que je sois abandonnée à nouveau. J'entretenais une haine croissante à l'égard de ses amis qui, j'en étais certaine, se seraient réjouis de notre rupture. J'aurais tellement voulu être une jeune femme libre et aventureuse, mais une petite voix en moi me l'interdisait. Philippe m'adorait, il me répétait sans cesse que j'étais et serais l'amour de sa vie. Pour me punir de ne pas me sentir à la hauteur, je me privais de nourriture pendant des jours ou je planifiais des crises de boulimie tout en augmentant le nombre d'heures de jogging.

J'ai appris beaucoup plus tard qu'effectivement plusieurs de ses amis souhaitaient que je disparaisse. Je me souviens de nombreuses fois où je lui ai lancé des ultimatums, comme celui de choisir entre ses amis et moi. Il trouvait toujours des solutions temporaires, le temps que la crise se passe. Il restait follement amoureux de moi et l'opinion de ses amis ne l'affectait pas du tout. Moi, au contraire, je recherchais l'approbation des autres sur le choix de mon partenaire. Vue de l'extérieur, notre vie présentait l'image typique d'un jeune couple amoureux l'un de l'autre, alors que nous n'avions aucune activité normale.

J'étais experte dans mon rôle de la fille comblée et rayonnante, mais je souffrais en silence. J'avais l'impression de vivre dans une cage de verre : je voyais tout ce qui se passait autour de moi sans m'accorder le droit d'y participer. C'est la forme d'isolement la plus cruelle, car la personne qui en souffre est consciente de tout ce qui lui est inaccessible.

La nourriture était à la fois mon ennemie et ma meilleure amie. Je m'en servais pour me défouler de mes frustrations en planifiant des crises de boulimie, et mes restrictions exagérées punissaient mon incompétence et mon égoïsme. Chaque épisode boulimique était planifié et intégré à mon quotidien. L'horaire de travail de Philippe me laissait tout le temps nécessaire pour acheter la nourriture, la manger et la vomir. Je me vengeais ainsi de son absence lorsqu'il choisissait de rejoindre ses amis ou de s'adonner à d'autres activités sans moi. En sa présence, j'utilisais l'anorexie pour le faire souffrir, répétant ainsi la méthode que j'avais utilisée avec mes parents. Mon refus de manger signifiait : tu me fais souffrir à en mourir.

Mais Philippe ne s'est jamais senti responsable de mon trouble alimentaire. Il jugeait que j'étais la seule responsable de mes actes. J'étais dans une impasse et dans l'incompréhension de la dynamique de mon comportement, je continuais mon pénible monologue. Avec le temps, la combinaison de l'anorexie et de la boulimie a entraîné une augmentation de mon poids et les gens de mon entourage ont donc présumé que j'étais sur la voie de la guérison; apparences trompeuses, contraires à la réalité.

J'ai également développé une fixation sur le ménage, ce qui était plutôt avantageux pour les personnes autour de moi. Partout où je passais, je nettoyais avec enthousiasme, croyant à tort que la propreté éliminerait mes problèmes. Notre appartement totalement décoré en blanc et noir devait en tout temps être impeccable comme si personne n'y vivait.

Philippe n'avait même pas le droit de cuisiner. Je ne tolérais pas qu'il puisse salir la cuisine ou qu'une odeur de cuisson se propage dans l'appartement. Il achetait presque toujours des plats préparés afin de calmer mes angoisses. Un seul ami de Philippe est venu nous visiter quelques heures au cours de l'année où nous avons vécu dans cet appartement. Pendant nos vacances, j'ai permis à ma sœur et son copain d'y demeurer une semaine. Ma sœur est encore plus maniaque de la propreté que moi, j'étais donc convaincue qu'elle serait à la hauteur.

Nous avons fait construire notre nouvelle maison selon nos plans personnels à St-Bruno de Montarville; les armoires, les planchers, les éviers, les poignées de porte, la céramique, tout a été minutieusement choisi. Ce projet commun a soudé notre union d'une manière encore plus forte et je savais qu'il était l'homme de ma vie. Notre routine de couple se composait de sorties au cinéma, à la discothèque et au centre sportif.

Après l'achat de notre maison, Philippe a réussi à me convaincre de l'épouser. Son projet de voyage de noces a brisé mes dernières résistances. Les moments passés ensemble à visiter la France, mon pays natal, sont à jamais gravés dans mon cœur.

Pour un homme, j'étais la femme idéale, celle qui économise sur les artifices de la coquetterie : pas de maquillage, pas de séances chez des coiffeurs, manucures ou pédicures, et des tenues vestimentaires réduites au minimum (jeans et t-shirts). Au restaurant, un verre de vin me satisfaisait et, contrairement aux femmes dites *normales*, je n'avais pas à faire subir les sautes d'humeur associées au syndrome prémenstruel.

De retour au Québec, avec le statut officiel de mari et femme, nous avons pris la décision de faire appel à une clinique de fertilité afin que je reçoive l'assistance nécessaire pour devenir enceinte. N'ayant jamais eu mes règles, sauf quelques mois pendant ma période boulimique, nous savions que j'avais très peu de chance d'avoir des enfants naturellement et que l'intervention de spécialistes serait nécessaire. Les injections d'hormones ont donné les résultats escomptés et j'ai appris, peu avant Noël 1994, que j'étais enceinte.

Durant les neuf mois de ma grossesse, je ne me suis alimentée que de nourriture en pots pour bébés, de pizza et de bonbons. Je n'ai jamais eu besoin d'acheter de vêtements de maternité; vue de dos, on ne pouvait pas se douter que j'attendais un enfant. La petite rondeur de mon ventre aurait pu laisser croire que j'avais avalé un ballon de basketball. À sept mois de grossesse, j'ai participé avec Philippe au Tour de l'Île de Montréal à bicyclette. J'étais en grande forme physique et prête à assumer mon rôle de mère.

J'ai quand même réussi à prendre plus de trois kilos durant ma grossesse et Jérémy pesait un peu plus de trois kilos. Il était en pleine santé. Dès le lendemain de sa naissance, je l'ai installé confortablement dans son landau et suis allée magasiner, vêtue des mêmes jeans que je portais avant ma grossesse, comme si de rien n'était.

Mon congé de maternité a duré six mois; les plus longs de ma vie. Je vivais un cauchemar permanent, n'ayant comme activité que l'allaitement de Jérémy et nos promenades quotidiennes. J'étais devenue une vache laitière. Incapable de supporter les pleurs de mon bébé, je le gardais au sein pendant deux ou trois heures afin qu'il s'endorme dans mes bras. Mes parents s'inquiétaient de la croissance et de la santé de mon fils étant convaincus que mon lait n'était pas adéquat. Pour les rassurer, j'ai pris rendez-vous en urgence avec un pédiatre et ma mère m'y a accompagnée. Jérémy affichait un poids et une grandeur conformes aux normes, mais malgré ces résultats, mes parents sont demeurés préoccupés.

Étant incapable de m'occuper de moi-même, je vivais très mal la responsabilité de prendre soin d'un petit bonhomme totalement dépendant de moi. En plein désarroi, je me suis sentie glisser jour après jour dans une dépression postpartum. J'étais l'ombre de moi-même, toujours en état d'alerte. Les moindres inconvénients de la vie prenaient des proportions gigantesques. Pour donner l'image de la mère parfaite, j'ai renoncé à toutes mes distractions personnelles afin de prendre soin de mon enfant à plein temps. Je ne m'autorisais aucun plaisir ni aucune activité sociale qui n'incluait pas Jérémy. J'étais obsédée par sa présence, il représentait ma seule preuve de réussite.

Son sevrage a duré deux jours, car il refusait de prendre le biberon, préférant ne rien boire du tout. À la fin du deuxième jour, fatigué et assoiffé, il a capitulé et j'ai pu arrêter l'allaitement de façon abrupte. Un sentiment d'abandon et de rejet s'est installé et la descente aux enfers s'est enclenchée.

En mars 1996, j'ai repris le travail à temps complet au centre-ville de Montréal; mon horaire était étouffant. Les journées se déroulaient ainsi : debout à 5 h 15 pour éviter les embouteillages, séances d'aérobie au gym durant la pause lunch, récupération de Jérémy à la garderie à 16 h 00, retour à la maison, préparation du souper, ménage et lavage en soirée. Le pire, c'est que je n'avais personne à qui me confier, personne pour me conseiller ou me rassurer à propos de mon rôle de mère.

Je vaquais à mes diverses occupations comme un robot; ma tâche principale se résumait à m'occuper de mon enfant, mon mari et ma maison. Mes passions et mes besoins n'avaient plus leur place dans ce rôle qui absorbait tout mon temps. J'accompagnais Jérémy à ses séances d'entraînement au soccer, je le faisais participer à toutes sortes d'activités pour enfants de son âge, et mon seul désir était qu'il soit heureux et en santé. En l'espace de trois ans, je me suis perdue dans mon rôle de mère et me suis complètement oubliée. J'en voulais de plus en plus à Philippe qui réussissait à combler ses besoins pour rester sain de corps et d'esprit.

En proie à des malaises et en état de constante insécurité, mon réflexe a été de geler mes émotions en permanence. Pour me punir de ne pas être une bonne mère, je réduisais mon alimentation dès que Jérémy était malade ou d'humeur maussade. Le matin, je mangeais la moitié d'un muffin avec deux grands cafés; le soir, plusieurs verres de porto avec un morceau de pain et du fromage. À l'occasion, si Jérémy était de bonne humeur et en santé, je m'autorisais à manger un morceau de gâteau ou du chocolat.

Je m'effondrais saoûle à ses côtés tous les soirs et je passais mes journées au travail dans la brume. Chaque jour devenait plus pénible que le précédent et j'arrivais de moins en moins à maintenir un semblant d'équilibre de vie familiale. De son côté, Philippe avait trouvé des moyens de s'évader de cet enfer. Il retrouvait des amis d'enfance en soirée ou partait plusieurs jours en canot-camping pour reprendre des forces. Je me souviens de la jalousie et de la haine que j'éprouvais envers lui à cause de la liberté qu'il s'accordait de sortir à sa guise et de profiter de bon temps sans moi. Tous les jours, j'achetais un jouet à Jérémy pour compenser mon absence et me faire pardonner mon incapacité à gérer mon quotidien.

À long terme, l'excès d'alcool et la privation de nourriture m'ont amenée à vomir de la bile toutes les nuits. Après plusieurs semaines de torture, j'ai accepté mon hospitalisation dans une clinique spécialisée en anorexie : l'Hôpital Douglas de Montréal. J'avais atteint un niveau extrême de souffrance autant physique que psychologique et je m'avouais vaincue et proche de la mort.

Ne pesant que 36,28 kilos, les cheveux rasés, j'avais l'allure d'une échappée d'un camp de concentration. La dépression accompagnée de mon automutilation avait accéléré la dégradation de mon corps. Physiquement, j'avais perdu presque tous mes muscles et, mentalement, je n'arrivais plus à me concentrer et à me souvenir des tâches à effectuer.

Complètement à bout de résistance, je songeais au suicide, sans toutefois passer à l'acte. Mon devoir de mère rendait impardonnable l'idée d'abandonner mon enfant aussi jeune.

N'ayant plus rien à perdre, j'ai enfin lâché prise. J'avais trente-quatre ans physiquement, mais quatorze ans psychologiquement.

CHAPITRE QUATRE

L'hospitalisation ou la mort

Je présente dans ce chapitre des extraits commentés de mon journal de vacances en Floride en février 2000.

31 janvier 2000

Première journée de vacances en Floride, j'ai pris mon petit-déjeuner et lunché de repas équilibrés. J'apprends lentement à ne pas attendre que la faim me dévore, car quand je perds le contrôle, je mange n'importe quoi, je me trouve grosse et je me déteste. Je redeviens alors boulimique pour quelques jours et je retombe ensuite à nouveau dans ma routine d'anorexique. J'ai de la difficulté à écrire ou à faire la même activité pendant plus de dix minutes, je vis de l'anxiété en permanence. Mon esprit s'évade constamment, je ne tiens plus en place et je me sens anxieuse comme si je manquais un événement qui se passait ailleurs. Chaque jour, je me dis que je dois changer, vaincre cette maladie et m'occuper de moi, mais je n'en ai plus la force.

J'ai un corps ultra squelettique, ce n'est pas beau à voir ni agréable à ressentir. Lorsque je m'assois, ça me fait très mal, car il ne me reste que les os du bassin, je n'ai plus de fesses. Je regarde les autres femmes et je les trouve belles, mais j'ai encore de la réticence à changer. Je voudrais jouir de la vie, rire et m'amuser avec mon fils Jérémy; j'espère qu'il n'est pas trop tard…

3 février 2000

Je dois téléphoner à l'Hôpital Douglas vendredi pour savoir la date officielle de mon hospitalisation. Je ne pèse que 36,28 kilos et si je descends plus bas, je vais avoir de sérieux problèmes de santé. Les résultats de mes tests dans un laboratoire ont détecté un trouble du foie et un pouls cardiaque trop bas. Cela ne m'étonne pas vraiment étant donné que je me nourris de porto et de chocolat depuis quatre mois. J'ai presque hâte de rentrer à l'hôpital et que l'on prenne soin de moi.

Je me lève trois ou quatre fois par nuit à cause de la quantité de laxatifs que je prends au coucher. J'essaie de manger un peu. Le matin, je mange une tranche de pain avec du fromage cottage; le midi, de la crème glacée sans gras ni sucre et le soir, un pain pita avec des tomates. Je dois faire attention, car j'ai constamment des ballonnements; c'est l'équivalent des coliques chez les enfants et ça fait extrêmement mal.

Je ne suis toujours pas convaincue de vouloir entrer à l'hôpital. Je sais que je suis très maigre, mais j'ai encore plus peur qu'ils me rendent obèse et me transforment en une autre personne. Philippe et son père, Jean-Charles, s'occupent de Jérémy à ma place comme si j'étais déjà partie. Durant mon absence, je sais que ses parents l'aideront à gérer la situation et que tout se passera bien pour mon fils et mon mari.

3 février 2000

C'est officiel, j'entre à l'Hôpital Douglas le 15 février à neuf heures du matin, le lendemain de la Saint-Valentin, un hasard peut-être? Je ne le crois pas.

Je fais des efforts surhumains pour manger, mais cela provoque en moi un sentiment de culpabilité immense. Je sais que les mois à venir seront très pénibles à vivre, car je devrai rester seule dans une chambre aseptisée du matin au soir, sans ma famille. J'ai peur de m'ennuyer à en mourir, mais je suis trop fatiguée pour résister et, maintenant, je n'ai plus le choix. Mon cerveau ne fonctionne plus normalement non plus. Je ne reconnais plus la faim ni la soif, je ne sais plus si je suis fatiguée ou si je m'ennuie. J'ai arrêté depuis si longtemps d'écouter mon corps que, maintenant, il ne me parle plus. Je pensais pouvoir anéantir mes sentiments et sensations grâce à mon amaigrissement, mais cela n'a pas marché.

Je suis devenue encore plus vulnérable et mon corps cadavérique fait peur au monde autour de moi. J'observe la vie se dérouler devant moi sans pouvoir y participer. Je voudrais être comme les autres, mais je ne sais vraiment plus de quelle façon y parvenir.

5 février 2000

Je me suis pesée ce matin et j'ai déjà pris un kilo depuis le début des vacances, c'est la panique dans ma tête. Je me vois maigre, et gagner du poids est terrorisant, car j'ai peur de ne plus pouvoir arrêter d'en prendre et de devenir obèse. C'est comme s'il y avait deux personnes en moi, une qui veut changer, être en santé et ne plus se priver et une autre qui veut rester maigre et souffrante parce qu'elle ne mérite pas le bonheur.

Je me demande ce qui se passe avec mon mari Philippe. Il ne me met aucune pression, mais nous n'avons plus aucune communication. Il se réfugie dans ses livres, l'ordinateur ou la télévision pour éviter toute discussion.

Je pense qu'il m'en veut de ne pas m'occuper de Jérémy comme devrait le faire une bonne mère. En conservant mon corps d'enfant, c'est comme si je le punissais de son manque d'émotivité envers moi. Est-ce que je l'aime vraiment? Ou me convient-il, car il me laisse faire ce que je veux sans jamais m'imposer de choix ni même essayer de me contrôler?

8 février 2000

Je comprends que de rester anorexique est le choix d'une lâche. Je sais que ce que je vivrai sera extrêmement difficile, mais cela en vaudra la peine. J'ai acheté deux livres sur l'anorexie : un qui explique les causes héréditaires et comportementales et l'autre qui propose des solutions pour s'en sortir.

Tous les jours, je parle à Jérémy pour le préparer à mon hospitalisation lors de notre retour à Montréal. Je lui explique que je dormirai à l'hôpital pour reprendre le contrôle de ma santé. Il est très mature pour son âge et je devrai être forte pour ne pas pleurer devant lui. Tout le monde me dit à quel point il est un garçon poli, joyeux et sociable. C'est la seule chose de bien que j'ai réussi à faire dans la vie, je suis si fière de lui.

11 février 2000

Je commence à me faire soigner dans cinq jours. Je n'y crois pas encore, c'est comme si une autre Véronique y allait à ma place. Je n'ai rien à perdre et tout à gagner, mais, malgré cela, j'hésite encore. Une journée à la fois, c'est la façon de reconstruire ma nouvelle vie. Malgré tout, ce sera difficile d'être face à moi-même et de n'avoir aucun contrôle sur mon horaire. Cette profonde douleur finira par partir, elle ne pourra plus me ronger comme dans le passé. Je vais pouvoir devenir cette jeune fille innocente qui n'a pas à faire semblant d'être une adulte.

16 février 2000

Je suis admise comme patiente à l'Hôpital Douglas pour un minimum de trois mois. Je veux déjà partir tellement je suffoque ici. Manger est la partie la plus facile à faire, alors qu'exprimer mes émotions m'est totalement impossible.

CE QUI NE TUE PAS REND PLUS FORT

Je suis ici pour commencer une nouvelle vie et je vais m'y donner à fond sans même regarder en arrière. J'ai pris la décision de ne plus me raser les cheveux aussi, ce sera une belle surprise pour Philippe. L'hôpital a pris une photo de moi en maillot pour mettre dans mon dossier personnel et constater mon évolution dans le temps. Je regarde la photo et ça me soulève le cœur. Mes bras et mes jambes ne sont que des tiges de bois. J'ai le visage creux et des yeux sans vie. J'ai abandonné mon corps croyant que je n'avais pas le droit de vivre. J'ai toujours eu de l'aide à ma portée, mais je ne la voyais pas, car je ne m'étais pas donnée la permission de l'accepter.

18 février 2000

À l'hôpital, les patientes ont perdu leur mari, leur travail et leur famille en choisissant de vivre l'anorexie. Moi, j'apprécie ma chance, car j'ai un travail et toute une famille qui attend mon rétablissement.

Pour le moment, j'arrive à répondre aux attentes de la diététicienne et des infirmières et je mange tous mes repas, sans utiliser de laxatifs. J'assiste à des rencontres de groupe avec les intervenants qui nous suggèrent diverses approches pour mieux gérer les frustrations de la vie, sans avoir à nous mutiler.

La première étape consiste à déprogrammer notre cerveau, ce que j'avais commencé à faire en vacances avec mes livres. C'est si bizarre les sensations que je vis depuis le début de cette cure. J'ai faim comme si je devais nourrir une faim étouffée depuis vingt ans, je suis un trou sans fond. Je garde en tête les objectifs demandés par les experts : prendre un kilo par semaine et le conserver.

22 février 2000

Philippe et Jérémy ont le droit de me rendre visite une fois par semaine, mais leur présence me rend mal à l'aise. Je crois que Philippe n'est pas convaincu que j'arriverai à tenir le coup et je préfère qu'il me laisse faire de grands progrès avant de le revoir.

12 mars 2000

Ma partenaire de chambre me dit que je pourrais être une excellente psychologue, car mes conseils l'aident beaucoup à prendre du mieux. Je recommence à faire de la poésie que je partage avec les autres patientes.

Durant mon séjour, j'ai côtoyé toutes sortes de femmes ayant d'étranges habitudes de vie. Je me souviens de cette mère de deux jeunes enfants qui ronflait si fort que j'ai dû changer de chambre. La nuit, elle mangeait en cachette des biscuits que son mari lui apportait lors de ses visites. Elle n'arrêtait pas de répéter qu'elle n'était pas malade et que sa belle-mère avait tout inventé pour se débarrasser d'elle. Au bout de deux semaines, elle a quitté l'unité subitement en ambulance au milieu de la nuit. Un départ retentissant qui a réveillé tout l'étage. Nous avons appris qu'elle avait des pierres aux reins; elle n'est jamais revenue.

Une femme de dix ans mon aînée me racontait qu'elle lavait quotidiennement tous les murs de son appartement au javellisant et qu'elle n'absorbait que du bouillon de poulet et du thé au citron.

À l'hôpital, j'ai été initiée aux bienfaits de la marijuana. Une patiente de la chambre face à la mienne se faufilait la nuit par la fenêtre pour aller fumer son joint. Elle m'a permis de la suivre et je me suis rendu compte rapidement que la marijuana donnait très faim. Ma psychologue me fit une prescription pour consommation médicale afin de diminuer mon anxiété et augmenter mon appétit.

3 avril 2000

Mes attentes principales sont de reprendre du poids et d'enrayer mes pensées obsessionnelles de nourriture, retrouver le calme dans ma tête, mon âme et mon cœur.

Pour nous divertir, le centre de l'hôpital offre plusieurs types d'activités : l'horticulture, la menuiserie et le yoga. Mon masque d'anorexique s'estompe lentement pour laisser place à une nouvelle Véronique, affichant une attitude et une humeur positives.

J'apprends que la vie n'est pas toujours rose ou toujours noire et qu'il n'est pas nécessaire de souffrir pour s'épanouir. On m'enseigne à dissocier mes émotions de mes besoins alimentaires.

Depuis que j'ai recommencé à me nourrir, je panique moins qu'avant devant des situations conflictuelles et je peux me concentrer plus longtemps. Les médecins m'ont expliqué que le cerveau, tout comme le reste du corps, a besoin d'une alimentation équilibrée pour bien fonctionner.

12 avril 2000

Je crois que mes parents ont réalisé à quel point je souffrais en silence, leur visite a été bénéfique pour nous trois. Ils demeurent critiques, mais c'est ma responsabilité de ne pas utiliser la nourriture comme outil de vengeance.

J'ai identifié trois éléments importants sur lesquels je dois me concentrer : la gestion de mes émotions, la modération et l'identification de mes besoins réels. Je crois en être capable, mais je parle avec un corps de quarante-trois kilos et je n'ai aucune idée ce que mon comportement sera lorsque mon poids santé de 53,52 kilos sera atteint.

13 avril 2000

Finalement, Philippe et Jérémy ne me manquent pas autant que je l'avais imaginé. Je crois que le fait d'accepter que j'ai le droit de prendre soin de moi me fait constater combien j'aime être seule et tranquille. Jérémy ne semble pas trop souffrir de mon absence, car avec le soutien de l'école, de la famille et des amis, il n'est jamais seul et constamment entouré d'amour et de tendresse.

25 avril 2000

Je suis un être autonome et unique et je n'ai pas à porter le fardeau des autres sur mes épaules. Je dois atténuer le sentiment d'égoïsme qui me ronge lorsque je décide de me faire plaisir. Les autres sont des êtres indépendants qui ne cherchent pas foncièrement à me faire du mal non plus. Je ne suis pas responsable des conséquences des choix des autres, mais seulement des miens.

26 avril 2000

J'ai peur d'être heureuse, car j'entends encore les paroles de mon père : « Ta chance, ta joie et ton succès vont attirer l'attention des jaloux et tu vas en subir les conséquences. » Je dois m'enlever ces idées de la tête. Ce que les autres pensent de moi, je ne peux rien y changer et leur façon de me catégoriser ne m'appartient pas. Je dois arrêter d'être influencée par les paroles de mes parents, car elles sont basées sur leurs expériences qui ne sont pas les miennes.

4 mai 2000

Il m'est encore difficile d'être entourée de gens sans parler. Le silence m'est insupportable et je me sens coupable de ne pas avoir de sujets intéressants à partager avec les autres. En plus de mon obsession quant à la nourriture, je dois aussi diminuer celle de la propreté. Je croyais que pour être une bonne personne, il fallait que ma maison soit toujours impeccablement propre. Le problème est que je suis incapable de laisser entrer des gens de peur qu'ils ne salissent ma maison et que je doive refaire le ménage.

D'ailleurs, quand je retournerai chez moi, je devrai continuer d'agir comme on me l'a appris ici, mais sans surveillance, et cette responsabilité m'inquiète beaucoup. Quand je commence à manger, j'ai tendance à ne plus être capable d'arrêter. Ici, c'est facile, car je suis suivie par des spécialistes en nutrition qui ont la responsabilité de *planifier les menus et les portions. Je n'ai plus de normes ni de points de repère après toutes ces années de privations en mode anorexie et d'excès en mode boulimie.*

10 mai 2000

La dernière visite de mes parents ne s'est pas bien passée; j'ai beaucoup de difficulté à comprendre leurs paroles et leur philosophie de vie. Nos conversations dégénèrent souvent en conflits. Mon défi est de respecter leurs valeurs et de leur faire comprendre qu'ils doivent respecter les miennes, même si nos perceptions sont diamétralement opposées. C'est maintenant que je prends conscience de toutes ces différences qui engendrent nos accrochages.

27 mai 2000

Je m'inspire quotidiennement du livre de Véronica Ray, Choisir d'être heureux, pour continuer de croire en mon bonheur et tenter de montrer aux autres qu'il existe d'autres chemins que le leur.

Les pensées les plus importantes à garder en mémoire sont celles-ci :

**Je ne suis pas responsable
des pensées et des paroles des autres.**

**La surexcitation n'est pas l'ingrédient du bonheur
et peut mettre notre vie en danger.**

Le bonheur ne vient pas de l'approbation et
de l'acceptation des autres,
il vient de l'amour de soi.

Ne pas consacrer notre temps et énergie
à essayer de rendre les autres heureux
dans l'attente implicite qu'eux, à leur tour,
devront nous rendre heureux.

Définir le bonheur comme étant un état de perfection
où tout se passe comme nous l'aimerions
nous amènera à ne jamais être heureux.

Si nous dépendons d'une autre personne pour notre bonheur,
nous nous résignons alors
à la souffrance et à la douleur.

Le bonheur est un sentiment intérieur que tout est bien;
c'est l'absence de peur, de confusion et de conflit.

Le bonheur est un choix,
il est toujours à notre portée,
il est à l'intérieur de nous.

On nous a enseigné que la détresse,
la souffrance et l'abnégation
nous rendent bons; c'est faux.
On nous a enseigné que l'inquiétude,
la colère, la peur et la tristesse
peuvent nous amener à nous sentir
vertueux, conscients et concernés; c'est faux.

Le bonheur,
c'est une foi fondamentale et constante
que tout est ou sera bien.
Que même lorsque des événements
pénibles ou douloureux se produisent,
le bien-être est la conviction
que nous pouvons survivre,
prendre soin de nous-mêmes, apprendre,
grandir et retrouver notre équilibre à travers ces épreuves.

Chaque décision que l'on prend
découle de la perception de ce que l'on est
et représente la valeur que l'on s'accorde.

Je rêve de choses qui n'ont jamais existé
et je me demande :
pourquoi pas?

Mon rétablissement dépendait de ma détermination à travailler sur plusieurs peurs qui me consumaient et je crois que ces peurs faisaient écho à celles d'autres personnes :

- Peur d'avoir peur.

- Peur de prendre des risques.

- Peur que des visiteurs vandalisent ma maison, mon seul refuge.

- Peur de décevoir mes parents en n'étant plus une petite fille modèle.

- Peur de prendre mes propres décisions.

- Peur des autres parce que leurs choix sont différents des miens.

- Peur de prendre la place qui m'appartient.

- Peur d'accepter les compliments et d'en être fière.

- Peur de la souffrance des autres, elle ne m'appartient pas.

En résumé, j'en conclus qu'il y a deux façons de voir la vie : du point de vue de l'égo ou du point de vue de l'esprit. L'égo est le *soi* inférieur, craintif, défensif, furieux, territorial et inquiet. Il exprime les besoins et les désirs de rendre service et de se faire plaisir. L'esprit est le *soi* supérieur, insensible à tous les éléments du monde extérieur. C'est la partie tranquille de l'individu, douce, paisible, indulgente et sans peur, reliée à sa puissance supérieure. Pour garder une vision raisonnable de la vie, l'être humain doit se servir de son intelligence pour délimiter la frontière entre son égo et son esprit.

La question que chacun de nous devrait se poser est : mon égo me pousse-t-il à l'autodestruction?

Selon Véronica Hay, dans son livre *Choisir d'être heureux* :

Nous avons un mécanisme destructeur et insidieux : l'égo. Ce petit démon nous encourage à ne pas nous contenter de nos succès, à refuser la satisfaction personnelle immédiate et à vouloir aller toujours plus loin, parfois trop loin. Une personne guidée par un égo trop fort cherche à s'accomplir à travers le regard des autres. L'égo est, en ce sens, un véritable frein à l'épanouissement personnel. L'égo peut nous amener à refuser notre propre faiblesse et nous interdire de demander de l'aide. Il nous pousse à voir la vie comme une compétition et à renier la valeur de nos proches. Un égo prononcé mène au tourment par l'absence de satisfaction et la soif d'en vouloir plus. Le résultat nous amène à une perte de motivation.

Le manque de réalisme et le refus d'admettre nos erreurs créent en nous une personnalité au caractère toxique et nous invitent à évoluer dans un monde d'illusions. La persistance et l'agressivité sont facilement repérables chez les personnes guidées par leur égo.

À ce stade de ma thérapie, je réalisais que j'avais un problème d'égo : j'avais laissé mon égo dominer mon mental et, par le fait même, l'anorexie me dominer. En ignorant mes limites et en tentant d'atteindre une perfection fictive, je m'étais empêchée d'être heureuse.

Je comprenais que je devais faire consciemment le choix de ne plus laisser mon égo dicter ma vie. Le comportement des autres ne devait en rien influencer mes décisions et mon cheminement. Je devais faire les choix nécessaires pour assurer ma propre survie et celle de ma famille.

Simultanément, j'ai redécouvert ma passion pour la peinture et ressenti un bien-être incroyable dans mes moments de création. La première œuvre que j'ai exécutée représentait un perroquet qui prenait son envol : symbole de la conscience humaine sortant des limites du conscient. Je peignais avec des écouteurs sur les oreilles pour oublier tout ce qui m'entourait et me laisser envoûter par la musique. Même si mon corps restait dans l'établissement, mon esprit s'évadait vers des milliers d'endroits exotiques.

Philippe m'apportait des canevas, de l'acrylique et des pinceaux et je m'investissais de plus en plus dans ma production. Je pouvais rester des heures à me perdre dans la magie des couleurs et dans mon monde imaginaire. À ma grande surprise, je découvrais le pouvoir de m'évader de ce corps d'une façon simple et rapide. Pour donner un peu de répit à mon corps, j'ai décidé d'augmenter le temps consacré à des activités cérébrales et de diminuer mes activités sportives.

3 juin 2000

Je deviens de moins en moins énervée et le calme s'installe à l'intérieur de moi graduellement. Mon apparence physique change pour ressembler de plus en plus à celui d'une femme. J'entends enfin parler les autres et je suis capable de les écouter. Lors de ma séance hebdomadaire avec mon psychologue, j'ai constaté combien Philippe était fatigué d'avoir traversé ces quatorze années à mes côtés. Il m'aime plus que tout au monde et m'encourage à demeurer positive et à croire en mon rétablissement. Il aimerait beaucoup que nous ayons un deuxième enfant; c'est un homme merveilleux.

Tous les jours, je dresse la liste des gratitudes de ma journée. En les écrivant, je prends vraiment conscience de la chance que j'ai d'être encore en vie et d'avoir l'aide nécessaire pour m'en sortir. Ma plus grande motivation n'est plus de prouver aux autres que je suis forte, mais plutôt d'être bien dans mon for intérieur. Je ne dois rien à personne et j'ai décidé de pardonner aux personnes qui m'ont fait du mal. Leur comportement provient probablement de leur détresse personnelle et de leur incapacité à trouver le bonheur. La souffrance a un effet de projection sur la personne atteinte qui finit par ne voir que le mal autour d'elle. Elle devient pessimiste et résistante aux concepts du bien-être pour ne sentir que la violence et l'agressivité.

Mon psychologue a fait la lumière sur les multiples raisons pour lesquelles je souffre d'anorexie depuis toutes ces années : une éducation stricte, une première relation amoureuse extrêmement traumatisante, un mari introverti, un sentiment d'infériorité permanent, une dépression post-partum, un comportement perfectionniste et d'autres facteurs liés à mon insécurité.

J'aurai beaucoup de travail à faire sur moi pour réapprendre à exprimer mes sentiments et mes émotions. Déprogrammer mes réflexes et automatismes de protection ancrés depuis plusieurs années ne sera pas une mince tâche. Je dois m'avouer que je ne suis pas invincible, que j'ai le droit d'être triste et d'avoir besoin d'aide.

Les événements en eux-mêmes ne sont ni positifs ni négatifs, ils n'ont que la valeur et l'importance qu'on leur accorde. J'avais donc le choix de donner libre cours à la vie et de ne pas attendre que les autres changent pour connaître la tranquillité d'esprit.

Livre *Choisir d'être heureux* par Véronica Ray

Livre *Réussite personnelle, révélez votre potentiel aux yeux du monde, le guide qui change votre vie*, Jean-Baptiste

CE QUI NE TUE PAS REND PLUS FORT

CHAPITRE QUATRE

Quelques poèmes

J'ai sélectionné quelques poèmes
écrits durant les cinq mois
passés à l'Hôpital Douglas.

Ils procurent une image sommaire
de mon état psychique et émotionnel
durant cette période.

La ville

Dans le silence, une foule se bat.
Au milieu de la vie
on perd sa voix.

Aucune avenue, aucun son,
sans lampadaires, sans trottoirs,
on évite notre mort au hasard.
On s'engage dans une voie
les yeux fermés,
le ventre creux,
le cœur blessé.
Où suis-je?
D'où viennent tous ces bruits?
Je souhaite que le silence revienne.
Qui es-tu pour m'avoir abandonnée?
Qu'ai-je fait pour avoir été martyrisée?
Un simple pardon,
un peu d'émotion.
Je voudrais m'enfuir,
je voudrais guérir.
Il existe dans la ville, une maison,
ma maison, mon foyer, mon refuge.
Le trouver.
Le trouver pour enfin me reposer.
Je suis si fatiguée d'avoir pleuré,
si fatiguée d'avoir couru.
Je veux être aimée
dans cette maison qui est mienne.

Le silence en toi

Écoute le silence en toi.

Ressens la paix qui s'y installe.

Ne cherche pas pourquoi,

ne rêve pas à demain,

concentre-toi sur cet instant.

Écoute le silence en toi,

accueille cette chaleur qui t'enveloppe,

accepte la nourriture offerte,

repose-toi.

Écoute le silence en toi,

partage ton bonheur,

en paroles et gestes.

Reçois dans ton cœur

l'amour des autres.

Écoute le silence en toi,

observe la nature qui se transforme.

Comme ton corps, chaque jour,

découvre ton destin

avec la rosée du matin.

Écoute le silence en toi,

prends le temps de respirer profondément,

une nouvelle vie s'offre à toi.

Écoute,.

parle,

nourris-toi.

La paix est en toi.

Paroles et écrits

Le courant de la vie m'a remis un message.
Une histoire a raconté
ces mots que j'apprends à déchiffrer
avec des interrogations et des arrêts.
Sur ces pages se déposent mes désirs et mes gestes,
tant de phrases à lire,
tant de conseils à appliquer,
tant de choses à traduire.
Toutes ces femmes du monde
souffrant en silence.
Leurs secrets sont dévoilés
et nous serons tous là
pour les écouter.
Nos douleurs,
nos peines,
nos espoirs,
nos rêves,
nos angoisses
et notre destin.
Je lis,
je pense,
je vis.

Une pause

Il y a tant de voix autour de moi.

Je me sens perdue dans cette foule.

Je n'ai plus regardé le chemin déjà tracé et,

sans faire attention, j'ai oublié.

C'est si facile de se mettre de côté.

Accomplir et construire

au lieu de penser.

Quelques faux pas

et l'on est emporté.

Je dois me recentrer sur mon esprit,

choisir de me reposer, d'arrêter.

Je ne suis plus seule,

la peur m'a abandonnée.

Plus de cauchemars,

plus de sueurs froides,

je reste fragile,

mais je vais y arriver!

La simplicité

L'abondance dans la simplicité.

Donner pour s'enrichir.

Gratifier chaque jour
comme s'il était le dernier.

Sourire aux inconnus.

Prédire des jours heureux.

Se contenter de peu
et recevoir davantage.

Regarder le soleil chaque matin
comme si c'était la première fois.

Célébrer chaque saison :
l'hiver pour son calme,
le printemps pour son renouveau,
l'été pour son énergie débordante,
l'automne pour sa sérénité.

Ferme les yeux
pour mieux voir la vie
au rythme de ta destinée.

Le masque

Le masque est tombé,

les pleurs ont cessé.

Tant d'années de mensonges,

tant d'années de martyre.

Le masque s'est évaporé,

je ne suis plus ici,

je ne suis plus ailleurs.

Hier n'existe plus,

demain n'a rien à cacher.

Je vibre d'impatience,

j'accélère ma transformation,

j'accepte les nouveaux défis.

Le masque est parti et,

avec lui,

mon ancienne vie.

La confiance
Confiance en soi.
Confiance en la vie.
Aimer son corps, son âme et son esprit.
Chercher la spiritualité,
découvrir la sérénité.
Quoi faire?
Comment agir?
Quoi dire?
Je suis troublée et encore fragile.
Je me protège,
je me rassure,
je me fais confiance.
Tant de choses ont changé.
Mon image est remodelée.
Ce mal qui m'a rongée,
je l'ai surmonté
et j'ai appris à m'aimer.

Dans le brouillard

Face au silence,
je me tais.
Nue aux yeux du monde,
je me cache.
Muette au milieu d'un concert,
je chante
sans chercher à trouver,
sans croire au lendemain.
Je prie,
le cœur meurtri,
les genoux usés.
Je m'accroupis en pleurant
et, encore une fois,
je supplie.
Trop de souffrances.
Je crie.
Noyée dans mes larmes,
je regarde le soleil.
Trop de lumière,
trop de chaleur.
Face à la vie,
j'ai peur.
Face au silence,
je meurs.
Seule avec moi,
j'attends et je crois.

Patience

Au-delà de la faim,

au plus profond de mon âme,

au cœur de la peine

existe un espoir, un désir, une fin.

Sans vouloir me battre,

je ferme les yeux

et je m'ouvre à la vie.

Cette peur si intense qui m'envahit,

cette tristesse si douloureuse qui me suit.

Encore une nuit,

encore un jour,

je patiente,

je prie

je rêve.

La libération, je la sens.

Je crois pouvoir l'atteindre,

attendre et savourer

un moment,

un instant,

une destinée.

Une pensée

Me suis-je trompée?
Où vais-je m'écraser?
Dans une tornade
j'ai été emportée.
Dans un déluge
j'ai été noyée.
À qui pourrais-je me confier?
Comment me protéger?
Mes paroles ne sont pas entendues
dans le monde des muets.
Je cherche la voie de la vérité.
Je veux simplement m'aimer,
sans mensonge,
sans contrat,
sans regret.
Je vacille entre
un passé douloureux,
un présent incertain,
un futur inconnu.
Une seconde de vie et tout s'écroule.
Une seconde de rêve et tout s'embrouille.
Pourquoi est-ce si compliqué?
Une pensée pour moi,
un espoir pour une nouvelle vie.

Je m'évade

Je m'enfuis.

Je m'évade.

Plus de mensonges,

enfin la vérité.

Fatiguée d'entendre le même refrain,

je traverse la barrière de la peur,

je prends mon envol

sans parachute,

sans filet de sécurité.

Plus de rôle à jouer,

je retrouve mon équilibre,

ma sérénité,

sans regret,

sans jalousie.

Je m'évade

vers une nouvelle vie.

CHAPITRE CINQ

Les montagnes russes

Selon la constatation des spécialistes de l'hôpital psychiatrique, j'étais guérie, car mon poids avait atteint un chiffre acceptable. L'ordre m'avait été donné de fréquenter une clinique externe durant plusieurs semaines afin de réussir à maintenir ce nouvel équilibre. Malheureusement, la réalité de la vie me démontrerait rapidement que tous les efforts investis sur mon corps ne résisteraient pas au temps et ne produiraient pas les effets escomptés.

De retour à la maison, j'ai très vite repris conscience que rien n'avait vraiment changé dans ma tête. L'isolement n'avait que mis en veilleuse ma peur de vivre dans un corps de femme. Mes sorties en public se sont révélées de plus en plus menaçantes et intolérables. Les compliments à propos de ma nouvelle apparence physique ont réveillé tous les démons qui m'habitaient.

Les cinq mois d'hospitalisation m'avaient uniquement permis de prendre du poids et d'acquérir une apparence acceptable. Faute de moyens financiers et de ressources nécessaires au traitement d'une problématique de l'envergure de la mienne, l'hôpital n'avait pu traiter en moi, de façon appropriée, le côté psychologique et émotionnel de la maladie. Une thérapie plus approfondie, complexe et dispendieuse dirigée par une équipe multidisciplinaire aurait été la solution idéale, mais s'est avérée irréalisable dans ce milieu médical déjà déficitaire. J'étais consciente, bien avant ma sortie, que je n'avais fait que la moitié du chemin et que mon rétablissement dépendrait en grande partie de ma capacité à accepter de vivre dans un corps de femme normal. Dès que mon poids a commencé à dépasser la barrière des 45,35 kilos, un système d'alarme s'est déclenché en moi, et j'ai réalisé que la bataille était perdue d'avance. Je voulais surtout comprendre pourquoi ce corps me faisait si peur et découvrir les raisons qui me poussaient à autant le renier.

Afin de ne pas replonger dans mes anciennes méthodes de protection, j'ai pris rendez-vous avec une psychologue privée. Je ne voulais surtout pas revivre les souffrances du passé et réduire à néant tous mes efforts. Nos séances quotidiennes ne ressemblaient aucunement à celles de la clinique spécialisée. Nous ne parlions jamais de poids ou de nourriture, mais de mes émotions et de mes phobies. Nos rencontres me permettaient d'avoir un avis objectif sur les situations que je vivais et je commençais à croire à mon rétablissement. Sa grossesse à mis un terme à nos séances et j'ai dû continuer mon cheminement toute seule.

Ce nouveau corps dont j'avais hérité m'apportait plus d'inconvénients que d'avantages. Mon physique ne rendait plus les autres mal à l'aise. J'étais de nouveau invitée à participer à diverses activités sociales et ma relation amoureuse avec mon mari s'améliorait. Par contre, je me retrouvais parmi un réseau de femmes jalouses et sans pitié qui manifestaient une agressivité grandissante envers moi. De plus, le regard avenant des hommes est rapidement devenu impossible à tolérer.

Il m'est alors apparu que de continuer à prendre des anti-dépresseurs pour maintenir une certaine stabilité émotive n'était qu'une solution temporaire et inefficace. Je savais que je n'étais pas dans un état normal et que, tôt ou tard, je devrais affronter mes démons. Je demeurais fragile, mais la découverte de nouvelles facettes de la vie me donnait de beaux espoirs.

Je ne savais plus quoi faire de ma vie. J'avais le choix de retourner aux études, trouver un emploi tranquille et proche de la maison ou continuer de peindre en tant qu'artiste professionnelle.

Philippe rêvait d'avoir d'autres enfants et m'a proposé de tenter notre chance puisque mon poids me le permettait. J'ai arrêté de prendre la pilule au mois de mai et je me suis retrouvée enceinte en juin. Les premières semaines ont passé comme si c'était un rêve et j'avais déjà commencé à chercher un prénom pour ce nouvel enfant.

Puis, ce fut le choc, la descente aux enfers, ma punition d'avoir cru que j'avais droit au bonheur. J'ai appris que mon bébé était mort à treize semaines de grossesse et on a procédé à un curetage sous anesthésie totale. Je ne comprenais pas pourquoi je devais continuer à souffrir constamment. J'étais déçue et révoltée de cette vie qui m'apportait beaucoup plus de déceptions que de satisfactions.

Après quelques semaines, Philippe a réussi à me remonter le moral et j'ai accepté de faire une nouvelle tentative afin que Jérémy ne soit pas un enfant unique. À la treizième semaine de cette deuxième grossesse, le doute s'est emparé de moi. Une visite d'urgence à la clinique a confirmé mes soupçons : mon bébé était mort dans des conditions similaires au précédent.

Je me suis effondrée et, quotidiennement, j'ai commencé à songer au suicide. Ce double échec me confirmait que je n'avais pas ma place sur la terre. Par hasard, des recherches sur les effets secondaires des antidépresseurs m'ont amenée à découvrir que l'arrêt du cœur de mes deux bébés avait été provoqué par un médicament que je prenais sur ordonnance. Sans consulter mon médecin, j'ai décidé de tout arrêter d'un seul coup.

L'effet a été brutal, mais révélateur. Au cours des mois suivants, j'ai pris conscience d'une force insoupçonnée cachée en moi. Je ne comprenais pas comment Philippe pouvait rester sain d'esprit alors que j'en étais incapable. Pour moi, il était la preuve que l'amour inconditionnel et passionnel existe vraiment. Même si plusieurs personnes m'affirmaient qu'il m'était infidèle, je n'ai jamais douté de lui et il a été le seul à ne jamais abandonner l'espoir de me voir un jour guérie. Il a toujours gardé la tête haute et a pris ma défense des millions de fois. Il ne s'est jamais apitoyé sur son sort et se disait privilégié d'être à mes côtés. Son attitude et sa détermination m'ont sauvé la vie et, c'est en prenant appui sur lui après chaque chute, que j'ai survécu jusqu'à aujourd'hui.

Je ne cesse de lui répéter que sans lui, je ne serais plus de ce monde. J'en profite pour le remercier du fond du cœur encore une fois. Philippe, mon mari, mon modèle, mon partenaire, mon ami, mon confident et l'amour de ma vie, je t'aime. Il est aussi l'homme sur qui je déverse régulièrement ma haine envers le sexe masculin. Il le sait et j'en profite pour lui présenter officiellement mes excuses les plus sincères.

La peinture m'a permis d'oublier lentement mes déceptions. Je devais tourner la page une fois de plus afin de me concentrer sur ma nouvelle carrière d'artiste-peintre.

Vers la fin de l'année 2002, on a découvert la présence d'un kyste sur un de mes ovaires et le gynécologue m'a conseillé de prendre des médicaments afin d'éviter une opération. Quelques semaines avant les fêtes, j'ai ressenti une grande fatigue et des nausées persistantes. N'ayant pas eu mes règles, j'ai fait un test de grossesse maison et j'ai eu la surprise de ma vie, j'étais de nouveau enceinte.

Considérant l'expérience de mes deux fausses couches précédentes, j'ai pris rendez-vous avec mon gynécologue, spécialiste en grossesses à risque. Une nouvelle renversante m'attendait, je portais des jumeaux. L'accouchement était prévu pour le mois d'août 2003, le même mois de naissance que Jérémy, mon premier enfant. J'ai cru au miracle et j'ai remercié le ciel de me rendre mes deux enfants perdus.

Ma grossesse s'est merveilleusement bien déroulée et sans complications. Mon alimentation n'était pas parfaite, mais je pouvais compter sur les kilos conservés depuis mon hospitalisation.

Mes parents, inquiets, trouvaient inconcevable que mon corps malade puisse donner naissance à deux enfants en santé. Et comment allais-je pouvoir m'en occuper de façon adéquate, moi qui étais si fragile? J'ai réussi à me créer un écran de protection qui m'a permis de garder un esprit positif durant les neuf mois.

Je me disais que ces enfants avaient un message puissant à me faire comprendre et que j'étais le canal par lequel ils devaient passer pour me faire grandir et prendre de meilleures décisions. L'anorexie m'empêchait toujours de manger suffisamment selon les recommandations des spécialistes, mais j'étais en pleine forme et je maintenais un bon moral. Je me faisais régulièrement prendre en photo par des gens très surpris de la grosseur de mon ventre, alors que le reste de mon corps était demeuré tout petit. Cette grossesse gémellaire affichait deux ballons de basketball avalés.

Lorsque les contractions ont commencé, j'ai monté toutes les marches de l'Oratoire St-Joseph afin de m'assurer d'être prête pour l'accouchement. J'ai pris 7,71 kilos au cours de ma grossesse et à la trente-septième semaine, le 31 août 2003, j'ai mis au monde Léo et Noé par césarienne. Ils pesaient 2,72 kilos et 2,49 kilos.

Léo et Noé sont des jumeaux fraternels et, plus particulièrement, des jumeaux miroir. Ils se complètent parfaitement, car les faiblesses de l'un sont les forces de l'autre.

Léo est droitier, plus grand et plus élancé que Noé et a besoin de plus d'heures de sommeil que son frère . Il est depuis sa naissance extrêmement sensible émotionnellement et il a sans cesse besoin d'être entouré et rassuré. Sa *doudou* demeure son bien le plus précieux; il la met dans sa bouche pour l'aider à s'endormir. L'activité physique est essentielle à Léo afin de lui permettre de libérer son trop-plein d'énergie. Une épée ou un fil dans la main et il est prêt à conquérir le monde afin d'en devenir roi et maître. Les goûts alimentaires de Léo sont simples : pâtes, gâteaux et bonbons. S'il passe plus de quinze minutes à table, c'est un record. Il vient souvent me retrouver dans mon atelier pour faire des toiles à mes côtés. Et lors de mes expositions, il devient un promoteur chevronné.

Noé est gaucher, plus costaud et trapu que Léo et n'a besoin que de 6 ou 7 heures de sommeil par jour. Il a été indépendant dès ses premiers moments de vie. Il s'endormait seul dans son lit, n'aimait pas être pris dans les bras et refusait l'aide des autres. Son côté intellectuel s'est développé rapidement, passant de la lecture à l'informatique. Noé peut passer de nombreuses heures devant son écran à jouer en réseau avec des amis du monde entier. Il est gourmand et savoure chaque bouchée passionnément. Essayer de nouveaux mets l'enchante et il adore aller au restaurant. Il admire mes œuvres et en parle aux autres en me comparant à de grands peintres comme Picasso.

Je comprends aujourd'hui la raison pour laquelle le ciel m'a envoyé des jumeaux et la réponse est toute simple. Leur présence a effacé une grande partie des sentiments de culpabilité que j'entretenais dans mon rôle de mère. J'ai longtemps cru que mes actions et mon attitude étaient inadéquates. Avec deux enfants qui ont des réactions opposées à mes interventions, j'ai constaté que finalement je n'étais pas maître de tout et que les autres aussi étaient responsables de leur comportement et de leurs choix. Léo et Noé m'ont forcée à demander de l'aide et à réévaluer mon côté perfectionniste. Par la force des choses, j'ai dû m'en tenir à l'essentiel et accepter que la vie est beaucoup plus simple lorsqu'on a une attitude plus flexible.

Avoir eu de jeunes enfants passé la quarantaine me garde jeune de corps et d'esprit, ce qui est tout simplement merveilleux.

Après l'accouchement, j'ai pris la sage décision d'engager quelqu'un pour m'aider à prendre soin de mes deux trésors, Léo et Noé. Je voulais prendre du temps pour moi et éviter de sombrer comme la première fois dans la dépression. J'ai allaité pendant un peu plus de deux mois, mais mon corps épuisé m'a amenée à opter pour le biberon, transition qui s'est effectuée sans aucun problème. Dès que mes bébés ont atteint quatre mois, j'ai trouvé une place dans une garderie en milieu familial afin de pouvoir retourner au travail. Aider financièrement ma famille était ma plus grande préoccupation. J'ai donc accepté un travail à temps partiel de jour ainsi qu'un poste de professeure de danse aérobique le soir. Une routine s'est installée à la maison, mes quatre hommes autour de moi pour m'aimer.

L'anorexie était toujours présente en moi, mais je la gérais adéquatement afin de ne pas nuire à mes enfants. J'arrivais à vaquer à mes besognes et à remplir les fonctions reliées à mon rôle de mère de famille, et cela, tout en maintenant une heure de sport et un régime de 800 calories par jour.

Au fil des ans, j'ai trouvé plusieurs moyens de jongler avec mes habitudes d'anorexique sans trop attirer l'attention. Je n'avais plus honte de ma maladie, j'en parlais ouvertement et j'acceptais les invitations au restaurant sans me sentir embarrassée. Mes enfants étaient accoutumés à mes habitudes alimentaires et prenaient exemple sur leur père.

Quand Jérémy a été assez âgé, je lui ai expliqué en quoi consistait l'anorexie afin de le sensibiliser à la problématique inhérente à ma condition. Il a rapidement remarqué que certaines jeunes filles de son école en étaient atteintes; il est venu m'en parler afin de trouver des moyens de leur venir en aide.

À la fin de l'année 2008, j'ai pris la résolution de m'investir intensément dans ma carrière d'artiste-peintre tout en continuant à travailler. Dans notre nouvelle maison, je disposais d'un atelier qui me permettait une plus grande production, car j'y avais accès autant le jour que la nuit.

Quelques galeries d'art ont démontré de l'intérêt pour mes œuvres et j'ai commencé petit à petit à me faire connaître par ma participation à des expositions collectives. Philippe a vite réalisé que le train de vie que m'imposaient le soin des enfants, la maison, la peinture et mon travail de jour et de soir n'était pas réaliste et mettait une fois de plus ma vie en danger. En mars 2011, il m'a fortement encouragée de me consacrer entièrement à ma carrière d'artiste-peintre. Une nouvelle vie se dessinait devant moi.

J'ai vite constaté les nombreux avantages reliés à mon nouveau statut, en particulier le privilège d'établir une meilleure gestion de mon horaire familial. J'avais enfin un contrôle accru sur ma vie, mon travail, mes projets et mes objectifs à moyen et long terme.

Je ne vivais plus le stress de la course contre la montre ou du manque de respect de la part de mes supérieurs. Les seuls nuages à l'horizon étaient le côté extrêmement compétitif du milieu des arts visuels et l'insécurité financière.

Après deux ans d'expérience, je constate aujourd'hui que la plupart des propriétaires de galeries d'art n'ont pas suffisamment de temps ni de ressources pour faire valoir le talent de chaque artiste. La croissance des réseaux sociaux offre de plus et plus de visibilité aux artistes et la nécessité d'être représenté par une galerie a perdu beaucoup de son impact.

Pour augmenter mes ventes, j'ai développé un plan de développement des affaires qui englobe plusieurs stratégies de représentation : location de mes œuvres auprès d'entreprises et de particuliers, présence constante dans les réseaux sociaux (Facebook, Twitter, LinkedIn), expositions portes ouvertes quatre fois par année, adhésion à diverses associations à titre de membre actif.

D'autre part, dans mon entourage immédiat, certaines personnes utilisent ma naïveté et ma sensibilité pour me déstabiliser. Je reconnais avoir encore beaucoup à apprendre dans ce domaine, mais une chose est certaine, mon talent est unique et très apprécié. Il offre une vision contemporaine de l'art abstrait. Je compte m'y consacrer avec ferveur et passion afin de laisser dernière moi des milliers d'œuvres qui refléteront mon parcours de vie. Elles parleront en mon nom et seront accompagnées d'une série de livres qui feront suite à celui-ci.

Depuis cette décision, j'ai la chance de me lever heureuse et épanouie tous les matins, entourée de mes trois grands garçons et d'un mari dévoué sur qui je peux toujours m'appuyer. Ils sont ma plus grande motivation à continuer mon combat contre l'anorexie, maladie mentale qui revendique toujours une grande place dans ma vie.

Comme dans les montagnes russes, je m'attends à vivre des hauts et des bas au cours des prochaines années. La différence avec mon passé se démarquera par l'attitude que j'envisage d'adopter quant aux imprévus de la vie. Je choisis maintenant d'en retirer des leçons au lieu de les laisser me détruire. J'accueille ces expériences à bras ouverts, car elles feront de moi une personne authentique et équilibrée.

CHAPITRE SIX

Utiliser la maladie pour se protéger des autres

Étrangement, j'ai toujours eu besoin de sentir la souffrance en moi. C'est quelque chose que je ne peux ni expliquer ni comprendre. Mon corps s'est transformé avec le temps et me nourrir et digérer me rendent très inconfortable. J'ai le ventre qui gonfle rapidement et je ressens une grande fatigue si je mange un repas normal. Je préfère ressentir le vide en moi et l'énergie de l'adrénaline qui s'y rattache.

Je ne cherche pas à soulever un sentiment de pitié de la part des autres en affichant un corps chétif. Mon apparence frêle est en quelque sorte mon déguisement et mon armure contre les agresseurs et les jaloux. Dans ce corps de fillette, j'ai l'impression d'être à l'abri des regards, des conflits, des responsabilités du monde des adultes.

Contrairement à ce qu'en pensent les gens de mon entourage, j'ai une endurance et une santé bien au-dessus de la moyenne. Je ne suis pratiquement jamais malade et mes performances athlétiques sont comparables à celles de jeunes athlètes dans la vingtaine. Lorsque mon poids était au plus bas, je marchais une ou deux heures par jour pour maintenir une masse musculaire minimale et me changer les idées.

Je trouve très menaçants les inconvénients associés à un physique féminin conforme aux normes établies. J'ai essayé de m'y adapter pendant quelques mois après ma sortie de l'hôpital, mais j'en ai été incapable. J'éprouve un réel dédain pour les courbes qui affichent ma féminité, même si je n'ai pas à affronter le monde à l'extérieur de chez moi. Si je vivais sur une île déserte avec mon mari et mes trois fils, cela ne changerait rien au physique que je préférerais conserver. Ce choix d'être maigre est personnel et n'a aucun lien avec la mode ou le jugement des autres. Je ne veux simplement pas avoir l'air d'une femme, un point c'est tout!

Je n'ai jamais voulu déranger les autres. Mes problèmes m'appartiennent et je ne m'attends pas à ce qu'on me comprenne ni qu'on me prenne en pitié. Tout ce que je demande, c'est qu'on me respecte dans mes choix de vie. L'ironie avec l'anorexie vient du fait que mon aspect physique attire l'attention, alors que je la fuis.

Mon corps est le porte-parole de mes blessures. Présenter une image normale serait mentir sur ma condition mentale qui demeure fragile. Je suis différente extérieurement, mais aussi intérieurement. L'utilisation de tatouages m'aide à reprendre possession de mon corps. Comme ma maigreur, ils me permettent de créer un écran de protection contre de possibles attaques. Mon statut d'artiste-peintre s'accorde avec mon apparence hors-norme et confirme ma nouvelle identité. Je n'ai plus honte ou peur d'être la femme que je suis. Je suis excentrique et artistique dans toutes les fibres de mon être et jusqu'au bout des ongles.

L'anorexie a été utile et est toujours une excellente excuse pour ne pas participer à certaines activités sociales. Elle a été la raison principale de la plupart de mes refus de me joindre à d'autres. Je ne me sentais pas y être la bienvenue. J'étais en sécurité chez moi, à l'abri de la jalousie, de la compétition, des potins hypocrites. Mais avec les années, l'anorexie a aussi été de plus en plus cruelle et dévastatrice. La douleur physique endurée à chaque repas a miné ma tolérance.

Personne à l'exception de celles atteintes de troubles alimentaires ne peut comprendre la guerre qui se livre à l'intérieur des personnes anorexiques. C'est comme cohabiter avec le diable en permanence et s'organiser pour ne pas réveiller sa colère. Je reconnais que le comportement alimentaire que j'ai adopté représente un danger et qu'il a des conséquences néfastes sur ma santé. Par ailleurs, je peux vous certifier que le niveau d'intelligence d'une personne souffrant d'un trouble alimentaire n'a aucune influence sur ses actes.

J'ai renoncé à une condition normale de santé pour plusieurs raisons. Je considère que ma vie est plus intense et stimulante que la moyenne. L'anorexie a stoppé ma croissance ainsi que le processus de vieillissement inhérent à l'âge. Je crois avoir ralenti les mécanismes de dégradation physique en limitant mon apport calorique. En conservant un corps de jeune fille, je minimise mes responsabilités en tant que femme et conjointe. C'est ma façon de refuser ce rôle imposé par la société.

Pour moi, être une femme et une mère est extrêmement difficile à assumer parce que je n'ai pas eu la chance d'être une adolescente épanouie. Les femmes se différencient entre elles selon leurs niveaux respectifs de tolérance et d'acceptation du statut qui leur est imposé. Certaines acceptent volontiers leur rôle, d'autres le tolèrent et quelques-unes, comme moi, refusent catégoriquement de s'y soumettre.

Je suis convaincue que mes pensées et ma créativité sont affectées par l'anorexie. Le cerveau est un organe vivant qui doit être nourri au même titre que le reste du corps humain. Ma vie artistique est directement reliée à ma maladie mentale. Mon inspiration est à son paroxysme quand j'ai le ventre et les intestins vides. Il m'est impossible de peindre après avoir mangé.

Ma santé mentale dépend de l'activité physique exécutée quotidiennement. Si je n'ai rien au programme et que l'ennui se déclenche, c'est la panique. Les années passées m'ont permis de connaître ma zone de confort idéale. Elle se situe entre 45,45 kilos et 47,62. Ces chiffres sont aberrants comparés au poids normal de 54 à 56 kilos qui est établi par l'agence de la santé publique du Canada.

D'après Santé publique Canada, l'IMC (indice de masse corporelle) :

Inférieur à 18,50 (poids insuffisant) ;

18,50 à 24,99 (poids normal) ;

25,00 à 29,99 (embonpoint) ;

30,00 à 34,99 (obésité, classe I) ;

35,00 à 39,99 (obésité, classe II) ;

40,00 et plus (obésité, classe III).

Avec un poids de 40,37 kilos et une taille de 1,62 mètre, mon IMC est de : **15,28.**

Ces données ne laissent aucun doute sur l'évidence d'un poids insuffisant. Malgré cette constatation, je demeure incapable de vivre dans un corps considéré normal. J'ai besoin d'être physiquement une petite fille extérieurement et intérieurement. C'est très difficile pour moi d'être une adulte. Toutes les responsabilités inhérentes à ce statut me déstabilisent complètement.

Je crois que mon apparence physique crée une barrière invisible qui me protège des assauts de la vie et des attaques des gens. Plusieurs personnes me félicitent pour mon succès d'artiste-peintre, mais d'autres l'envient. Mon réflexe est de conserver une apparence fragile afin qu'on me laisse tranquille.

Je sais que ce raisonnement est contradictoire, car ma maigreur attire l'attention. Néanmoins, je demeure inapte à envisager d'autres solutions. Je persiste à croire que je suis obsédée par ma dépendance à ce style de vie caractérisé par le contrôle de mon poids. Je crois aussi que l'instabilité émotive qui accompagne cet état est génératrice d'inspiration. J'utilise cette sensibilité extrême pour capter les messages subtils qui m'entourent et les convertir en œuvres d'art.

J'ai les traits de caractère typiques d'une personne anorexique, soit : le perfectionnisme, la passion et des sentiments d'infériorité et de culpabilité permanents.

Depuis mon hospitalisation, l'usage de mon don artistique a remplacé graduellement celui de mon corps pour exprimer mes émotions et messages. Ma nouvelle soif de vivre me motive à mieux respecter les limites de mon corps. Mon attitude positive et ma vie artistique contribuent à diminuer l'appréhension de l'avenir que j'entretiens depuis si longtemps. J'ai beaucoup de projets en tête, des pays à explorer et des aventures à vivre avec ma famille.

Mon défi est de parcourir le monde et de partager mon histoire en toute simplicité afin de venir en aide à d'autres personnes souffrant de troubles alimentaires ou de maladies mentales. Quand je réalise que tous les êtres humains souffrent de différentes façons, je perçois alors ma vie sous un angle nouveau.

Gouvernement du Canada, Statistiques Canada
http://www12.statcan.gc.ca/health-sante
Centre de sport Énergie Cardio www.energiecardio.com

CE QUI NE TUE PAS REND PLUS FORT

CHAPITRE SEPT

L'hérédité ou le destin

J'entends souvent dire que les troubles alimentaires découlent de l'image artificielle de la femme parfaite présentée par la société. La plupart des gens croient que la pression sociale et la mode stimulent les femmes à suivre des régimes. Cette constatation est probablement appropriée, mais une femme qui surveille son alimentation n'est pas une femme qui souffre de troubles alimentaires. Je crois que l'obsession des diètes et la distorsion de l'image corporelle ont certainement un rôle à jouer dans l'*épidémie* actuelle de la minceur à n'importe quel prix.

Par ailleurs, une partie de moi croit fermement que plusieurs autres facteurs sur lesquels certaines personnes n'ont ni le contrôle ni la connaissance sont aussi en cause.

Souffrant d'anorexie depuis plus de trente-quatre ans, je me suis interrogée à savoir si mon entourage, ma famille par exemple, n'avait pas joué un rôle important dans cette maladie.

J'ai discuté avec mon psychologue de mon questionnement concernant le facteur héréditaire de cette maladie et il m'a suggéré de faire quelques recherches sur Internet; c'est ce que j'ai fait.

Des études ont effectivement démontré que l'hérédité s'ajoute à d'autres facteurs sociaux associés à la maladie. J'ai remarqué que plusieurs personnes de ma famille avaient des comportements alimentaires anormaux. Elles commencent une diète après avoir grossi d'un kilo. Elles font du conditionnement physique à des niveaux supérieurs à la norme ordinairement prescrite dans le but de maintenir un poids idéal. Elles consomment principalement des aliments santé sans gras ni sucre raffiné et s'accordent rarement le droit de prendre un dessert. Ma famille affiche une phobie de l'embonpoint, l'associant à la paresse et au manque de volonté.

En plus du facteur physique, le bagage émotionnel familial composé de troubles d'humeur, d'anxiété et d'impulsivité a souvent causé des dissensions lors de nos réunions familiales.

J'ai été témoin de multiples affrontements verbaux qui rendaient l'atmosphère inconfortable. J'ai passé ma vie à entendre des réflexions telle que celle-ci : « Regarde les gens comme ils sont gros; ils sont paresseux et ne savent pas se prendre en main ».

Selon leurs principes, ils affirmaient que le poids est inversement proportionnel au succès : un petit poids garantit un grand succès. J'ai donc assumé que plus je serais mince, plus on me présenterait des opportunités de travail exceptionnelles. Mes cousines me répétaient sans cesse que j'étais chanceuse d'avoir la force de résister aux desserts et à ma faim. Je savais que ce qui leur semblait un atout constituait ce qui m'empêchait de vivre normalement. J'aurais préféré faire preuve de moins de persévérance à maintenir un haut niveau de privation.

C'est vers l'âge de quatorze ans que l'anorexie a fait son entrée dans ma vie. Mon corps a commencé à se transformer et j'ai eu mes premières règles. J'étais régulièrement victime de remarques dégradantes, de regards provocateurs et d'attouchements de la part de personnes de mon entourage. Mon corps devenait une propriété publique et l'attitude que certains utilisaient à mon égard me déplaisait au plus haut point. Je n'ai pas accepté mon manque de contrôle sur l'intérêt que suscitaient mes nouvelles courbes. Pour mettre un terme à la situation, j'ai décidé de faire marche arrière et de réduire mon poids. Je croyais pouvoir éviter les situations conflictuelles de l'adolescence en demeurant dans un corps d'enfant.

À cette époque, j'ai aussi senti que mon apparence physique engendrait une sorte de compétition avec les autres femmes. Pour écarter leur jalousie, j'ai préféré détruire mon nouveau corps. Je croyais que le sabotage de ma croissance allait résoudre tous les problèmes à la fois. Je souhaitais retrouver la vie paisible de mon enfance où les hommes avaient seulement été des amis. Je détestais que l'on compare mon apparence physique à celle d'autres femmes, comme on l'aurait fait d'un vulgaire objet.

Non seulement je souffre d'anorexie, mais tel que mentionné précédemment, j'ai également vécu des épisodes de boulimie.

Selon les chercheurs, la boulimie affecte des personnes qui sont, d'une part, plus gourmandes que la moyenne des gens et, d'autre part, incapables de maintenir une diète. Ce trouble alimentaire est la conséquence de la pression que ces personnes s'imposent pour demeurer minces. J'ai toujours eu un faible pour les sucreries, le chocolat et les desserts. Mon refus catégorique d'en consommer m'a placée sous une telle pression qu'à la longue, j'ai perdu le contrôle et, dès lors, ont commencé des crises de boulimie planifiées . Ces orgies de nourriture interdite se déroulaient en secret en fin de journée lorsque le stress et la déception avaient dépassé les limites de ma tolérance.

Pour comprendre les motifs qui me poussaient à garder ce corps d'enfant, j'ai lu plusieurs livres qui traitaient d'anorexie et de boulimie espérant y trouver des réponses à mes interrogations. Mes lectures sur l'histoire de la civilisation humaine m'ont appris que l'anorexie a toujours existé, même dans les civilisations où le culte de la minceur était absent. Partant de cette découverte, j'ai élargi ma recherche afin d'identifier les facteurs responsables de ma vulnérabilité quant à ce trouble alimentaire.

Au cours des quinze dernières années, les chercheurs et théoriciens impliqués dans le domaine des troubles de l'alimentation se sont de plus en plus penchés sur le rôle de l'hérédité et de la génétique dans le développement de la maladie. Ils ont démontré que les membres d'une même famille souffrant d'anxiété, de dépression ou d'impulsivité ont de trois à dix fois plus de chance de développer un trouble alimentaire que la moyenne des gens.

En matière d'anorexie, selon le Dr Craig Johnson, psychiatre américain, « *La génétique charge le fusil, l'environnement appuie sur la gâchette* ».

Des études démontrent qu'il existe des gènes qui influencent le niveau de sérotonine et de dopamine dans le cerveau. Des chercheurs ont découvert que 11 % des anorexiques présentent une mutation particulière d'un gène qui intervient dans l'appétit et le poids.

Les comportements alimentaires des personnes atteintes d'anorexie, leur humeur et leur impulsivité sont directement affectés par la sécrétion de sérotonine et de dopamine commandée par leurs composantes génétiques. Des études ont permis de trouver certains sites sur les chromosomes 1 et 10 qui pourraient être des *points à risque* quant aux troubles de l'alimentation. Également, certains types de comportement, dont le perfectionnisme que l'on retrouve chez la majorité des individus souffrant de troubles alimentaires, seraient à 50 % liés à la génétique.

En résumé, les facteurs déterminants du développement de mon trouble d'alimentation sont : mes gènes héréditaires physiques et émotifs, mon besoin de contrôler mon environnement et mon avenir, un comportement alimentaire strict, mon impulsivité et mon perfectionnisme. Même si ce gène est dans une famille, il n'est pas automatiquement transmis à la naissance à chacun de ses membres, et c'est ce qui expliquerait la raison pour laquelle plusieurs membres de ma famille ne présentent aucun trouble d'alimentation.

Les facteurs environnementaux jouent un rôle de catalyseurs importants dans l'édification de l'équilibre physique et mental d'un individu. Une personne qui vivrait dans un lieu isolé où l'insistance ne serait pas mise sur l'apparence physique pourrait, même si elle possédait le gène malade, ne développer aucun symptôme.

Je croyais que la minceur était le facteur déterminant qui me permettrait d'atteindre le succès et la réussite.

Les multiples conflits auxquels j'ai fait face, accompagnés du stress associé à ma performance académique, ont activé mon anxiété. La baisse de sécrétion de sérotonine et de dopamine nécessaire au bon fonctionnement de mon équilibre mental a été une des conséquences physiologiques directes de ma perte de contrôle.

Instinctivement, j'ai augmenté mon degré d'activité physique pour compenser mon manque de sérotonine, mais ce n'était pas suffisant pour retrouver un niveau acceptable. Je vivais constamment avec un sentiment d'urgence. L'agressivité aggravée par ma sous-alimentation a fait de moi une personne extrêmement susceptible et impatiente.

Je n'étais pas consciente des associations qui s'imbriquaient dans ma tête durant les premières années de ma maladie. C'est à la suite de mes nombreuses consultations auprès de spécialistes et de mes diverses lectures pour comprendre les troubles alimentaires que j'en suis venue au fil du temps à mieux cerner la dynamique de l'interaction entre ces multiples facteurs.

Cette génétique, mon hérédité, est-ce que je l'ai choisie?

Est-ce qu'elle s'inscrit dans mon destin?

Je ne peux pas répondre à ces questions, mais ce n'est plus important maintenant. Je choisis aujourd'hui de vivre avec ma maladie, tout en refusant ses répercussions sur ma santé physique et mentale. Mon statut d'artiste-peintre me permet honnêtement de dire que je commence à savourer les plaisirs d'une vraie vie.

Jour après jour, je vois des changements dans mon comportement et mes pensées. Mes angoisses, mes peurs et mes insécurités s'atténuent et laissent place à des sensations de paix, d'espoir et de bien-être général.

Howard Steiger, directeur du programme des troubles de l'alimentation, Institut universitaire; Dans Grilo C. M. & Mitchell J. E. (Éds.) , Treatment of Eating Disorders (2009)

L'anorexie est aussi génétique par Nathalie Chahine avec Relax NewsArticle publié par Dre Catherine Feldman le 19/11/2003 sur le site Internet : e-sante.fr

CHAPITRE HUIT

La condition de la femme dans le monde

Les femmes représentent presque la moitié de la population mondiale. Par contre, en ce qui a trait aux droits de la personne, l'égalité entre les femmes et les hommes est inexistante dans plusieurs pays du monde. Dans ce chapitre, je trace plusieurs portraits de femmes dans le but de refléter la place qu'elles occupent dans la société et aussi, malheureusement, la place légitime qui leur est refusée par plusieurs nations.

Je me suis longtemps questionnée quant à mon malaise à présenter un corps sexuellement désirable. Je crois que mon malaise vient de la prise de conscience de la condition féminine dans le monde. Même si j'ai le privilège de vivre dans un pays qui respecte la femme, je vois tout de même mon corps comme un élément à risque. J'ai l'impression qu'une femme trop attirante est perçue comme moins intelligente. En choisissant la maigreur, j'évite d'attirer l'attention et les problèmes s'y rattachant. Par ce comportement, je démontre aussi que mon mari choisit de rester à mes côtés pour la personne que je suis et non pour l'image que je projette.

Je souhaite ici vous présenter deux femmes qui vivent très bien leur féminité : ma mère et ma sœur. Contrairement à moi, elles accordent une grande importance à leur image. Elles sont toutes deux fières de leur apparence et en prennent particulièrement soin. Contrairement à moi, elles prennent beaucoup de temps à prendre soin d'elles et en retirent plaisir et satisfaction. Elles sont motivées par l'admiration qu'elles suscitent chez les autres et par leur pouvoir de séduction.

Ma mère donne l'image d'une femme quinze ans plus jeune que son âge réel et possède une forme physique exemplaire. Depuis plus de vingt ans, elle dirige un centre de santé spécialisé pour les aînés.

Cette organisation offre une grande variété de cours permettant aux gens de vieillir en bonne santé. Son enthousiasme et son énergie envoûtante constituent son plus bel atout. Être à l'avant-plan et représenter l'exemple à suivre lui apporte une grande fierté. Je l'ai vue travailler d'arrache-pied pour faire comprendre aux citoyens de sa ville l'importance d'un esprit sain dans un corps sain. Son dévouement pour ses cinq cents élèves lui a mérité de nombreux prix. Ma mère est mon idole et je prends exemple sur elle pour me motiver à fournir le maximum de mes capacités en tout temps.

Ma sœur est toujours bien vêtue, coiffée et maquillée; elle paraît sortir tout droit d'un magazine de mode. Sa maison, toujours en ordre, démontre sa capacité à évoluer avec succès entre ses devoirs de mère et ses besoins personnels. Elle a sept ans de moins que moi et n'a pas été confrontée à l'éducation très stricte de mes parents.

Avec les années, ces derniers ont réalisé que leur approche ne donnait pas les résultats escomptés et ont choisi d'être plus permissifs avec elle. Ses goûts, son style et son choix de carrière correspondent davantage aux critères de mes parents que mes propres choix de vie. Ma sœur et moi affichons autant de points en commun que de différences, mais je l'aime et je la respecte.

J'ai la chance d'avoir une tante extraordinaire qui a été une mère spirituelle pour moi. Elle a bien voulu partager son opinion à propos de l'effet de ma maladie sur les membres de sa famille.

Témoignage de ma tante Thérèse :

Ma nièce Véronique est vraiment une perle pour moi. Sans qu'elle ne s'en rende compte, la traversée de ses déserts m'a souvent plongée dans un questionnement à propos de qui nous sommes. Elle est un exemple de volonté, car étant terriblement consciente de son état, elle choisit son chemin de vie et écarte (tout en sachant très bien qu'elle blesse) tout ce qui l'empêche d'avancer. Elle disait : « Je ne veux changer personne, alors que l'on n'essaie pas de me changer ».

Je me suis reconnue en elle et, souvent, j'ai fait l'effort d'accepter les autres tels qu'ils sont... et ce fut facile. Je ne suis pas parfaite... donc, je suis beaucoup plus tolérante envers les autres.

Elle est comme mon miroir. Elle doit lutter plus que tous les autres pour faire sa place et elle comprend le danger de son anorexie. Mais, grâce à son don qui lui procure son élixir de vie, elle explose comme un feu d'artifice que le monde entier peut voir s'il se donne la peine de regarder. En la voyant affronter les aléas de sa vie, je garde l'espoir que tout est possible à qui veut s'en sortir.

C'est difficile pour moi de faire comprendre à mon entourage le conflit qui m'habite et qui monte l'un contre l'autre mon corps et ma volonté. Tout en admirant les femmes qui affichent leur sensualité, je suis incapable de les imiter. Ma mère et ma sœur sont des femmes intelligentes, sûres d'elles et convaincues de leur importance dans la société. Je ne leur dis pas souvent, mais je suis très fière d'elles et de leurs accomplissements.

La réalité des femmes à la grandeur de la planète porte à réfléchir. Aujourd'hui, environ 50 % des agressions sexuelles sont commises sur des filles de seize ans et moins. À travers le monde, 603 millions de femmes vivent dans des pays où la violence domestique n'est pas considérée un crime, et jusqu'à 70 % des femmes sur la terre ont subi des violences physiques et/ou sexuelles au moins une fois au cours de leur vie.

---

http://www.un.org ONU Femmes M. Ban Ki-moon, Secrétaire général des Nations Unies 2013

En Arabie Saoudite

La femme saoudienne doit obéir à son époux et protéger tous ses biens pendant ses absences. Elle lui doit une totale obéissance et il a une autorité absolue sur elle. Encore aujourd'hui, les femmes saoudiennes sont considérées comme des êtres inférieurs, contrairement aux hommes qui peuvent diriger leur vie librement. Toute leur vie, ces femmes ont l'obligation de rendre hommage à une autorité masculine supérieure, que ce soit leur père, leur frère ou leur mari.

_____

www.huffpostmaghreb.com
HuffPost Maghreb par Sandro Lutyens Publication 29/08/2013

En Inde

La condition des femmes en Inde a énormément fluctué au gré de l'histoire et a connu de multiples bouleversements. Dans l'Inde d'aujourd'hui, des femmes occupent des postes aussi importants que présidente du pays et première ministre. C'est pourtant en Inde que la condition des femmes est évaluée la plus difficile. Ce pays affiche la quatrième position au classement des pays les plus dangereux au monde. Des femmes sont tuées parce que leur dot est insuffisante et des fillettes sont données en mariage.

Pour dissimuler leur forme, les femmes doivent porter la burqa et ne doivent en aucun cas adresser la parole à des hommes. Le harcèlement sexuel est courant en milieu de travail. Une femme en Inde existe d'abord par son statut social : sœur, mère ou épouse. Dès son enfance, l'entourage prépare la jeune fille à son mariage et elle sera ainsi guidée tout au long de sa vie. Elle devra se résigner à quitter ses études ou son travail pour se consacrer uniquement à sa famille et aux tâches ménagères. Elle devra mettre de côté ses besoins, ses aspirations et respecter les volontés de sa famille et de la société. L'absence totale de liberté individuelle prévaut. Le nombre de femmes battues ou victimes d'agressions sexuelles entre l'âge de 15 et 49 ans est évalué à 70 % en Inde.

---

www.inde.aujourdhuilemonde.com
Comment l'Inde traite ses femmes par Laurence M. pour Aujourd'hui l'Inde 12/01/2013

En Égypte

Le nouveau mufti égyptien, Cheikd Ahmed El-Tayyeb, diplômé de l'Université Al-Azhar, a dénoncé la pratique des mariages forcés dans ce pays de l'Afrique du Nord. La classe sociale demeure un facteur déterminant dans le choix des maris et la fille peut être tuée si elle préfère un autre homme à celui choisi par sa famille.

La polygamie est tolérée et pratiquée dans les classes sociales supérieures, la richesse accordant de nouveaux droits. Les lois de l'Islam permettent à un homme, sous condition d'absolue équité, de prendre jusqu'à quatre femmes.

Women's groups demand for equality in new constitution, *Egypt Independent*, traduction par Poste de veille www.postedeveille.ca   28 juillet 2013

Au Sahara Occidental

Les femmes sahraouies ont une place unique dans le monde arabo-musulman. Elles sont respectées et vénérées comme des êtres supérieurs. La société sahraouie ne tolère pas la violence conjugale et prévoit pour les agresseurs des sanctions pouvant aller jusqu'à la peine de prison. Mais depuis le début de son invasion par les Marocains, le nombre de femmes disparues augmente dangereusement. Certaines sont envoyées en prison sous des prétextes futiles et sont cruellement traitées. Les femmes vivent maintenant dans la peur constante de subir l'humiliation, la violence physique et le viol.

La Tribune du Sahara par Mohamed Mahamud Embarec, 29/03/2013

Au nord du Mali

Le gavage pratiqué par les Touaregs pour des raisons purement économiques est surtout répandu dans le nord du Mali. Cette pratique consiste à faire avaler une quantité très importante d'aliments riches à des fillettes attachées par les chevilles et les poignets afin de forcer leur développement physique et permettre un mariage précoce.

Les filles ne fréquentent pas l'école et constituent un fardeau financier pour leur famille. Les marier le plus rapidement possible assure une économie non négligeable. Le gavage rend les fillettes extrêmement obèses. Dès l'âge de douze ans, certaines atteignent plus de cinquante kilos et sont tellement grosses qu'elles ne peuvent même plus se lever pour se rendre aux toilettes. On leur apporte le nécessaire sur place pour leur permettre de satisfaire leurs besoins naturels. Ces filles-femmes obèses risquent de sérieux problèmes cardio-vasculaires, d'hypertension et de diabète. Le traumatisme physique relié au gavage peut occasionner une mort précoce vers l'âge de vingt-cinq ans. De plus, des études ont démontré que les grossesses de ces femmes sont à risque. Plusieurs meurent en donnant la vie.

www.jeuneafrique.com *Jeune Afrique Toute l'actualité africaine en continu* par Olivia Marsaud 26/04/2004

En Afrique

Dans cette société, la femme représente le pilier de la famille. Elle doit assumer tous les rôles, c'est-à-dire prendre soin de la maison et des enfants et entretenir les relations familiales. Dans la pratique, l'homme reçoit tout le mérite et peut se permettre des écarts de conduite. Si la femme ose protester, elle est humiliée et renvoyée chez ses parents. La majorité des femmes sont analphabètes et ignorantes, ce qui leur laisse peu de chance de devenir indépendantes.

La pratique de l'excision est courante en Afrique, mais diffère selon les pays, les villages ou les ethnies. Certaines femmes sont excisées avant leur puberté, alors que d'autres le sont à un âge plus avancé. L'excision a été instituée afin de préserver l'honneur de la femme, de son couple et de sa famille. La minorité des femmes qui l'acceptent le font pour respecter la décision de leurs parents. Ces femmes en souffrent terriblement dans leur cœur et ne ressentiront plus jamais de désir sexuel.

_____

www.slateafrique.com *Slate Afrique L'excision, le cauchemar des Africaines* par Nicole Suzis   28/11/2012

Au moment où j'écris ce livre, je suis témoin d'une situation de crise vécue par les Québécoises et Québécois en ce qui a trait à la tolérance aux autres cultures et aux répercussions des décisions gouvernementales sur l'avenir de la société québécoise. Je me permets d'inclure ici un extrait du livre *Joie d'une femme musulmane* écrit par Nonie Darwish   (une femme musulmane née en Égypte).

« Dans la foi musulmane, un homme musulman peut épouser une enfant aussi jeune que sept ans et consommer ce mariage à neuf ans. »

« On donne la dot à la famille en échange de la femme (qui devient son esclave) pour l'achat de son intimité et il peut l'utiliser comme un jouet. »

« Pour prouver un viol, la femme doit avoir quatre témoins masculins. Souvent, après qu'une femme a été violée, la famille a le droit de l'exécuter (une mise à mort d'honneur) pour rétablir l'honneur de la famille. »

« Les maris peuvent battre leurs femmes à volonté et l'homme n'a pas à dire pourquoi il les a battues. »

« On permet au mari d'avoir quatre femmes et une femme provisoire pendant une heure (la prostituée) à sa discrétion. »

« La loi musulmane (la Shariah) contrôle la vive privée aussi bien que la vie publique de la femme. »

« Dans le monde occidental, les hommes musulmans commencent à exiger de la Loi Shariah le non-divorce de la femme et le contrôle complet d'elle. »

« C'est étonnant et alarmant de voir le nombre de filles dans des universités américaines et canadiennes qui épousent des hommes musulmans et se soumettent, elles et leurs enfants, à la loi Shariah ne soupçonnant pas ce qui se passe vraiment. Déchirure de l'Occident en deux. »

L'auteur et conférencière Nonie Darwish dit que le but des islamistes radicaux est d'imposer la loi Shariah au monde en éliminant la loi occidentale et la liberté. Nonie Darwish est née au Caire et a passé son enfance en Égypte et à Gaza avant son immigration aux États-Unis en 1978, alors qu'elle n'avait que huit ans. Son père est mort en menant des attaques secrètes sur Israël. Il était un officier militaire égyptien de haut rang placé avec sa famille à Gaza. Darwish a développé un esprit sceptique dès son jeune âge et a mis en doute sa propre culture musulmane et son éducation. Elle s'est convertie au christianisme après l'audition du témoignage d'un pasteur chrétien à la télévision.

Dans son dernier livre, Darwish nous met en garde contre la loi Shariah et comment elle est manifestée dans les pays islamiques. En ce qui concerne l'Occident, elle mentionne que des islamistes radicaux travaillent à imposer la Shariah au monde. Si cela arrivait, la civilisation occidentale serait détruite, et les femmes ne seraient plus que l'ombre d'elles-mêmes. La loi islamique (Shariah) enseigne que les non-musulmans devraient être subjugués ou tués dans ce monde. Tandis que les habitants de l'Occident ont tendance à penser que toutes les religions encouragent une certaine forme de règle d'or et de liberté, la Shariah enseigne deux systèmes d'éthique : un pour les musulmans et un autre pour les non-musulmans. Tandis que les habitants de l'Ouest ont tendance à penser à une forme de religion développant une compréhension personnelle de leur relation avec Dieu, la Shariah préconise d'exécuter les gens qui les critiquent. Il est difficile d'imaginer cela de nos jours, mais des savants islamiques prônent que ceux qui critiquent l'Islam devraient être exécutés. Tristement, tandis que la conversation sur une réforme islamique est commune, et même assumée par plusieurs à l'Ouest, on fait taire de tels murmures dans le Moyen-Orient par l'intimidation.

Tandis que les habitants de l'Occident s'habituent à une augmentation de la tolérance religieuse avec le temps, Darwish explique comment des pétrodollars sont utilisés pour cultiver une forme extrêmement intolérante de l'Islam politique en Égypte et ailleurs. Dans vingt ans, il y aura assez d'électeurs musulmans aux États-Unis, au Canada et au Québec pour élire le Président ou le Premier ministre. Si nous ne réagissons pas maintenant, toutes les femmes du monde n'auront plus aucun droit de parole et seront la propriété d'un homme durant toute une vie.

---

www.contrelislam.eu/ouvrez_les_yeux_sur_la_Shariah.php
Joie d'une femme musulmane par Nonie Darwish

J'ai compris dernièrement que la comparaison de ma souf-france à celles des autres ne sert à rien. Je reconnais à chacun son seuil de tolérance à la douleur physique et mentale et je crois en toute sincérité que le partage et l'écoute me permettent de réaliser que d'autres personnes vivent des traumatismes encore plus violents que les miens. J'ai arrêté de pleurer sur mon sort et de me considérer comme une victime. Je préfère démontrer l'exemple d'une personne qui réussit à apprécier la vie qu'elle se construit un jour à la fois, et cela, même dans l'adversité. Les femmes dans le monde doivent cesser d'avoir honte et de taire leur souffrance. Masquer et ignorer les injustices ne les feront pas disparaître. J'estime que toutes et chaque femme ont la respon-sabilité de mettre un terme à la maltraitance et à l'intimidation.

Pour terminer sur ce sujet, je mentionne que j'ai eu l'oc-casion de lire un article très intéressant sur le classement de plusieurs pays dans le monde en fonction de l'écart entre le statut des femmes et des hommes. L'information a été recueillie à l'aide du rapport *Global Gender Gap 2012*. Si vous songez à changer de pays prochainement, les résultats de cette recherche pourraient vous donner de précieux renseignements sur le genre de vie qui vous y attend.

Basé sur quatorze indicateurs et quatre domaines-clés, ce rapport a classé 135 pays selon l'écart existant entre les hommes et les femmes.

Voici les quatre domaines-clés

1. La participation économique et les opportunités de travail incluant la participation des femmes au marché du travail, l'égalité des salaires et le pourcentage de femmes dans des emplois à responsabilités élevées.

2. Le niveau d'éducation et de scolarité mesurant l'alphabétisation des femmes et le nombre de femmes inscrites à l'enseignement supérieur.

CE QUI NE TUE PAS REND PLUS FORT

3. La santé et la durée de vie basées sur une comparaison entre l'espérance de vie des femmes et des hommes et les taux de mortalité.

4. L'autonomisation politique dénombrant le nombre de femmes attitrées à des fonctions politiques et de chefs d'État au cours des cinquante dernières années.

Pour chacun des quatorze indicateurs, chaque pays reçoit une note. La note est comprise entre 0 (inégalité totale) et 1 (égalité totale). Pour la comparaison finale, une moyenne est réalisée et attribuée à chacun des 135 pays.

Voici le classement des vingt-deux premiers pays selon les résultats du rapport en 2012 : Islande, Finlande, Norvège, Suède, Irlande, Nouvelle-Zélande, Danemark, Philippines, Nicaragua, Suisse, Pays-Bas, Belgique, Allemagne, Lesotho, Lettonie, Afrique du Sud, Luxembourg, Royaume-Uni, Cuba, Autriche, Canada, États-Unis.

Ce sont donc les pays scandinaves qui sont en tête du classement avec l'Islande en première position (résultat de 0,8640) suivie de près par la Finlande, la Norvège et la Suède. Tous les pays nordiques, sauf le Danemark, ont obtenu une note supérieure à 0,8.

Même si l'égalité des sexes n'a pas été atteinte, ils sont des modèles et des références pour le reste de la planète. L'Irlande, la Nouvelle-Zélande, le Danemark, les Philippines, le Nicaragua et la Suisse occupent les positions cinq à dix. Le Canada avec une note de 0,7381 occupe la 21e position.

En bas de la liste se retrouvent l'Arabie Saoudite, la Syrie, le Tchad, le Pakistan et, en dernière position, le Yémen ayant une note de 0,5054. Il s'agit là d'un pays où l'iniquité entre les hommes et les femmes est la plus marquée. Les données indiquent une corrélation directe entre les pays les plus aptes à réduire les inégalités entre les sexes et les pays les plus compétitifs au plan économique.

***

www.weforum.org World Economic Forum *The Global Gender Gap Report 2012* by R Hausmann. Décembre 2012

Je porte ici à votre attention une date importante : samedi, le 8 mars 2014, *La Journée de la Femme*. Tous et chacun ont un rôle à jouer dans le mouvement vers l'égalité des sexes et, personnellement, étant mère de trois garçons, je m'engage à leur inculquer les valeurs primordiales reliées au respect envers les femmes et au maintien d'une relation équilibrée entre les sexes.

CHAPITRE NEUF

Statistiques sur l'anorexie

Au moins 10 % des jeunes filles et de 13 à 30 % des femmes québécoises souffrent d'un trouble alimentaire, selon les statistiques de l'organisme *Anorexie et boulimie Québec*.

Cette organisation rapporte aussi que 34 % des garçons et 40 % des filles dans les écoles du Québec ne sont pas satisfaits de l'aspect de leurs corps et se sentent obligés de changer leur image.

Durant les dernières décennies, les cas de troubles alimentaires ont triplé dans les pays industrialisés. Près de 100 000 filles et femmes au Québec sont atteintes de troubles alimentaires; 30 000 sont des cas sévères. Des études récentes ont démontré une augmentation notable dans certaines tranches d'âge; chez les très jeunes enfants (de cinq à six ans) par exemple, et chez les femmes de 30 ans et plus.

Dans l'ensemble des maladies mentales, les troubles alimentaires sont associés au plus haut taux de mortalité. Selon l'Institut national de la nutrition, 10 à 15 % des personnes atteintes d'anorexie ou de boulimie en meurent. La maladie a un potentiel de chronicité très élevé, évalué autour de 3 %. Les conséquences médicales et psychologiques à court, moyen et long terme laisseront une marque significative.

Il est cependant important de signaler que les données concernant les troubles alimentaires mentionnées plus haut ne sont pas sans failles. Elles varient grandement d'une étude à l'autre, car les personnes aux prises avec cette maladie sont souvent réticentes à parler de leur condition. Au début de la maladie, la personne atteinte est dans une phase de déni total qui l'empêchera de demander de l'aide, ce qui faussera les statistiques des cliniques médicales. Des proches, ou les parents inquiets de l'apparence physique de la personne atteinte, sont souvent les premiers à suggérer une consultation auprès de spécialistes.

Les troubles alimentaires ne se manifestent pas du jour au lendemain et ne sont pas toujours aussi apparents que l'on croit.

J'ai continué de souffrir d'anorexie pendant plusieurs années tout en ayant retrouvé une apparence physique presque normale. L'anorexie accompagnée de phases boulimiques a des effets grossissants qui laissent croire au rétablissement de la personne malade. L'individu boulimique, en comparaison avec l'anorexique, présente moins de signes physiques visibles d'un trouble alimentaire.

Une perte de poids importante ne se manifeste pas chez une personne boulimique, car le vomissement ne permet pas l'élimination complète des aliments consommés. Les effets secondaires du vomissement à répétition laissent des traces, comme les yeux rouges, les glandes du cou enflées, mais l'utilisation de toutes sortes de moyens permet de les camoufler. Les conséquences invisibles résultent des acides et des enzymes qui remontent et endommagent plus ou moins gravement l'œsophage, le larynx et les poumons. Il y a une augmentation du risque de développer un cancer de l'œsophage et des cordes vocales. Le reflux peut parfois empirer au point que plus aucun aliment ne peut être gardé. De plus, des vomissements répétitifs provoquent parfois une déchirure de la jonction gastro-œsophagienne, c'est-à-dire une érosion, une perforation ou une rupture de l'estomac.

Les troubles alimentaires se divisent en trois catégories :

L'anorexie mentale : autour de 0.5 % de la population, pour un ratio de 3:1 femmes-hommes. 50 à 60 % des personnes finiront par guérir sur des périodes de temps variables.

La boulimie : entre 1 et 2 % de la population, pour un ratio de 3:1 femmes-hommes. Près de 70 % des personnes finiront par guérir sur des périodes de temps variables.

Les troubles des conduites alimentaires non spécifiés, catégorie dans laquelle on retrouve *l'hyperphagie boulimique* : de 4 à 5 % de la population, pour un ratio de 4:1 femmes-hommes. Près de 70 % des personnes finiront par guérir sur des périodes de temps variables.

C'est la perception déformée de leur corps qui caractérise les personnes atteintes de troubles alimentaires. Elles craignent de façon intense de prendre du poids et sont prêtes à utiliser toutes les méthodes possibles pour maintenir leur poids fétiche.

Sur cette liste se retrouvent les classiques comme : les vomissements provoqués, l'exercice physique excessif, les régimes drastiques, l'abus de laxatifs ou de diurétiques, l'utilisation de produits amaigrissants et les drogues.

Il n'existe pas une cause en particulier responsable du développement des troubles alimentaires. Il s'agirait plutôt d'une interaction entre de multiples facteurs de risques. Ces facteurs peuvent être à la fois d'ordre social, familial, individuel, psychologique et biologique.

Parmi le grand nombre de facteurs psychologiques, les plus significatifs sont : une faible estime de soi, l'insatisfaction liée à l'image corporelle, certains traits de personnalité déviante, la recherche constante de l'approbation sociale et les conflits entre la dépendance aux autres et un désir d'autonomie.

Les diverses influences qui favorisent le développement et le maintien d'un trouble alimentaire sont trop nombreuses pour permettre de tracer un portrait type des personnes qui en souffrent.

Conséquences médicales

La semi-famine de l'anorexie mentale peut affecter la plupart des organes.

Les signes physiques et les symptômes courants sont : la constipation, l'intolérance au froid, le pouls anormalement bas, la détresse abdominale, la sécheresse de la peau, l'hypotension, l'aménorrhée et l'apparition d'une pilosité sur le visage, les bras et le dos (lanugo).

L'anorexie mentale provoque l'anémie, le dysfonctionnement des reins, des problèmes cardio-vasculaires, des changements de la structure cérébrale et l'ostéoporose.

Les vomissements auto-infligés utilisés tant dans l'anorexie mentale que dans la boulimie peuvent entraîner un gonflement des glandes salivaires, un débalancement des électrolytes, des perturbations minérales et l'érosion de l'émail dentaire. L'abus de laxatifs peut conduire à des perturbations irréversibles de l'intestin et, dans les cas extrêmes, à l'ablation de courtes sections.

Conséquences psychosociales

Les troubles alimentaires peuvent avoir un impact profondément négatif sur la qualité de vie d'un individu. L'image de soi, les relations interpersonnelles, le statut financier et la performance au travail sont souvent négativement affectés.

Ces problèmes peuvent être également la source primaire ou secondaire des troubles; il est difficile d'évaluer la réelle corrélation. L'importance majeure d'un traitement immédiat est d'autant plus sérieuse que la gamme des effets négatifs de ces troubles à long terme est élargie et destructrice. Les troubles alimentaires coexistent avec d'autres troubles psychiatriques, particulièrement les troubles de l'humeur et les troubles d'anxiété. Certains problèmes d'abus de drogue et d'alcool ont aussi un lien direct avec la boulimie.

www.anebquebec.com ANEB (Anorexie et boulimie Québec)
www.aedweb.org Academy of Eating Disorders

CE QUI NE TUE PAS REND PLUS FORT

CHAPITRE DIX

On choisit un régime, mais pas l'anorexie

Ce chapitre a pour but d'attirer votre attention sur les mythes sociaux entourant l'anorexie. Dans un premier temps, l'information vous permettra de mieux saisir la différence entre une personne engagée dans un régime alimentaire et un individu souffrant d'anorexie. Suivront ensuite les vraies raisons qui poussent un être à vouloir se faire autant de mal. Et, pour terminer, des solutions honnêtes et concrètes seront proposées d'une façon objective aux personnes atteintes de cette maladie.

Plus de 90 % des femmes se mettront au régime à une période de leur vie. La durée et l'intensité de la diète dépendront de plusieurs facteurs qui évolueront avec l'âge, les conditions de vie, les moyens financiers et les pressions sociales.

Certaines personnes choisiront de se prendre en main pour des raisons de santé, d'autres pour l'apparence physique. Le déclencheur et l'initiative de se mettre au régime pourront découler de sources diverses : une demande du conjoint, un tempérament compétitif, un désir de plaire, un événement important, une remise en question, etc. Les méthodes utilisées sont variées et suivent les modes ou tendances sociales. Certaines femmes répéteront même l'expérience plusieurs fois dans leur vie, avec ou sans succès.

La diète s'appuie sur l'image de la minceur de plus en plus associée à la réussite. Des études ont démontré que le pourcentage des étudiantes universitaires qui se mettent au régime dès leur première session est de plus en plus élevé. Dans le monde du travail, la minceur permettra d'accéder à des postes de plus haut niveau accompagnés d'augmentations salariales non négligeables. Les femmes bien en chair sont souvent perçues comme des personnes faibles et sans volonté, alors que les hommes affichant des formes arrondies ne sont pas tenus responsables de leurs excès de table.

Les résultats d'un régime varient d'une perte de poids significative à quelques grammes à peine perceptibles. Certaines personnes se vanteront de leur perte de poids et se serviront de leur succès comme tremplin pour relever des défis. À l'inverse, d'autres n'atteindront pas leur objectif, en garderont un goût amer et pourraient éventuellement hésiter à prendre de nouveaux risques, se privant ainsi d'opportunités intéressantes. Les nouvelles adeptes traverseront toutes sortes de stades émotifs et physiologiques : l'excitation ressentie les premiers jours par une perte de poids rapide et significative, la déception due au phénomène des plateaux, la frustration et la colère provoquée par la restriction sur les quantités ou les types d'aliments, la fierté d'avoir tenu le coup jusqu'au bout et d'avoir atteint l'objectif fixé.

Les diètes, les jeûnes et la détoxication sont présentés comme des moyens de purifier et de régénérer l'organisme afin d'augmenter son niveau d'énergie et sa longévité. Pourtant, les messages sont clairs sur les dangers de passer à l'action avec l'une de ces solutions. Les effets secondaires sont multiples et les plus dangereux sont la carence en vitamines et minéraux, la déshydratation, la fatigue, les troubles digestifs et la difficulté à se concentrer. À long terme, la privation peut engendrer une détérioration de l'estime de soi et provoquer chez une minorité de gens le développement de troubles alimentaires.

L'anorexie est une obsession persistante et constante. La grande majorité des personnes anorexiques utilisent leur corps comme un instrument de guerre et ne désirent nullement être en santé.

L'anorexique typique est la jeune fille, l'adolescente, la jeune femme et maintenant, la femme adulte qui punit son corps en réaction à un événement traumatisant. Les situations perturbantes sont aussi nombreuses que le nombre de cas traités en privé ou en milieu hospitalier.

En trente-quatre ans, j'ai été témoin d'une multitude de cas différents dans toutes les catégories d'âge des jeunes filles violées et battues ou ayant subi d'autres difficultés comme de grandes peines d'amour, une éducation trop restrictive ou trop permissive, une fausse couche, un divorce, une perte d'emploi, etc. Chaque cas est unique et une anorexique chronique comme moi retombera dans la maladie en réaction à divers événements successifs.

Tout au long de sa vie, l'être humain fait face à des défis qui lui permettent de prendre de l'expérience et de la maturité. Pour la personne atteinte d'anorexie, chaque épisode déclenche un mécanisme automatique en réaction à la confrontation, et une perte de poids devient la solution miracle. C'est aussi instinctif et naturel que de demander à boire lorsqu'on a soif.

La souffrance que l'anorexique s'impose physiquement lui donne le pouvoir de se créer une barrière contre la douleur qu'elle subit de l'extérieur. Le contrôle du degré de mal qu'elle veut s'infliger est un élément crucial dans la gestion de ses émotions. Avec le temps, la personne développera une résistance physique et pourra facilement réduire son apport calorique de façon stupéfiante. C'est la maigreur extrême qui est visée dans l'intention de crier son désespoir plutôt que de parader un corps de rêve.

La femme anorexique n'a aucun intérêt pour les programmes minceur typiques comme les régimes Cohen, Dukan, Atkins, Montignac, Méditerranéen ou autres. Elle ne suit pas les recommandations d'une diététicienne ou d'un médecin ni un plan d'amaigrissement. De façon désordonnée, elle mange tout simplement très peu et s'accorde même le droit de ne choisir que des aliments de catégorie défendue; par exemple, ne prendre qu'un seul repas par jour composé de chocolat et de croustilles ou grignoter une palette nutritive lui permettant ainsi de durer toute la journée.

Pour ma part, je me situe dans la catégorie des anorexiques chroniques qui représentent 3 % des personnes atteintes. J'ai développé avec les années des habitudes alimentaires complètement insensées. Je suis convaincue qu'une personne mourrait en quelques semaines à suivre mon régime diabolique. Je choisis chaque année deux ou trois aliments différents que je consomme exclusivement pendant une période d'environ un an en variant le moment de la journée où, dans la solitude, je m'autorise à les manger.

Certaines années, je n'ai mangé que le soir avant d'aller me coucher; pendant d'autres périodes, je me contentais du petit-déjeuner. J'ai le souvenir de choix plutôt mystérieux et aberrants : l'année popcorn et biscuits; les périodes salade verte trempée dans le ketchup et crème glacée; popcorn et barres de chocolat; soupe et gâteau; choux de Bruxelles et crème glacée; bagel et réglisse rouge; baguette et fromage; carré de céréales; guimauve et yogourt; sushi et biscuits à l'avoine, et plusieurs autres combinaisons que je n'ose pas dévoiler tellement j'en suis embarrassée. Depuis décembre 2012, je mange des Doritos Inferno et du sucre à la crème. Absolument aberrant!

Pour vous donner une image réelle de ma vie, je décris ici une journée typique durant là période scolaire des enfants.

Entre 5 h 30 et 6 h 00 : Réveil. Préparation des lunchs pour les trois garçons, lecture et réponses aux courriels personnels et aux messages Facebook et Twitter, application de vernis sur des toiles en cours, mon petit-déjeuner constitué d'un grand café et d'une rôtie au beurre de cacahouètes et confiture.

7 h 30 : Réveiller les jumeaux, préparer leur petit-déjeuner et leurs vêtements pour la journée, faire les lits et ranger la maison.

8 h 10 : Départ pour l'école.

8 h 30 : Activités sportives (durée : une heure à une heure et demie) : bicyclette par temps chaud, sinon dans un centre sportif.

10 h 00 : Retour à la maison, ménage et lavage. Lecture et réponses aux nouveaux messages.

12 h 00 : Lunch : 60 à 100 grammes de Doritos Inferno et un carré de sucre à la crème.

12 h 30 à 15 h 30 : Visites à des clients, achats de matériel de peinture, épicerie, livraison de toiles ou consultations privées.

15 h 30 : Aller chercher les jumeaux à l'école.

16 h 00 à 18 h 00 : Devoirs, préparation du souper, réponses aux nouveaux messages des clients.

18 h 00 à 19 h 00 : Servir le souper à mes quatre hommes, ranger la vaisselle, nettoyer la cuisine.

19 h 00 à 22 h 30 : Création de toiles pour des commandes ou pour mon inventaire personnel. Vers 21 h 00, coucher les enfants et leur souhaiter une bonne nuit.

22 h 45 : Souper composé de 30 grammes de céréales avec du lait et de la compote de pommes, du yogourt et des croustilles.

23 h 15 : Coucher.

2 h 30 : Mini-collation : un morceau de sucre à la crème.

Il est pratiquement impensable que je sois encore vivante et débordante d'énergie avec un tel régime. Je suppose qu'avec le temps, mon corps s'est adapté et qu'ilréussit à fonctionner, malgré un apport si faible en calories et vitamines.

Par contre, je subis presque toutes les conséquences physiques attribuables à cette condition :

• Maux de tête (en soirée);

• Insomnies;

• Sécheresse de la peau;

• Lugano (fin duvet couvrant la peau du visage et des bras);

• Carences vitaminiques;

• Arrêt des menstruations depuis l'âge de quatorze ans;

• Ostéoporose;

• Constipation chronique;

• Anémie;

• Frilosité excessive (mains et pieds toujours froids);

• Problèmes cardiaques (occasionnels).

J'ai quand même évité une perte importante de masse musculaire en maintenant un niveau d'activité physique élevé.

L'anorexique présente des caractéristiques spécifiques que l'on ne retrouve pas chez une personne au régime. Les principales sont : l'absence d'entrave ou d'exception à son alimentation stricte, la prise d'aliments en solitaire ou en secret, la perception d'un corps jamais assez maigre, les difficultés dans les relations sociales, les activités sportives extrémistes, les obsessions constantes de la nourriture et le refus d'adhérer aux modèles sociaux de beauté.

Dans mon cas, le rétablissement n'est pas possible. Cependant, certaines personnes anorexiques peuvent reprendre des habitudes alimentaires normales, mais plus la durée de la maladie est longue, plus le rétablissement sera long et difficile. Pour guérir, la personne atteinte devra souhaiter s'en sortir exclusivement pour son mieux-être personnel et non pas pour calmer les inquiétudes de sa famille ou de ses amis.

Actuellement, je ne souffre plus mentalement de l'anorexie, mais je dois vivre avec les conséquences physiques de mes carences alimentaires. Elles se comparent à une tache de naissance ou à la décision de porter des tatouages; les deux sont permanents, mais le tatouage est un choix, alors que l'anorexie mentale, on doit la subir.

Les solutions concrètes permettant le rétablissement d'une personne anorexique demandent de sa part, en premier lieu, la reconnaissance et l'acceptation de sa maladie.

Comparativement aux femmes, le cas des hommes anorexiques prend une tout autre forme physique même si, à la base, le problème émotionnel est le même. Leur nombre, de plus en plus croissant, est principalement dû à la pression que l'homme moderne vit aujourd'hui. Il doit assumer un statut viril, et cela, tout en développant un niveau de compassion et de compréhension vis-à-vis le sexe féminin. Le refus de prendre du poids est mieux caché par le gain de muscles qui minimise l'aspect chétif du malade.

J'ai côtoyé dans les centres sportifs des hommes qui ne consommaient aucun sucre, gras ou produits transformés. Ils justifiaient leur régime par un souci exagéré d'absorber une nourriture santé. Leurs inquiétudes et phobies étaient les mêmes que les miennes et ils avaient une très faible estime d'eux-mêmes. L'entraînement intensif devenait un oasis de paix où ils croyaient pouvoir s'éloigner de la réalité de la vie. Comme chez les femmes, les dommages infligés au corps ont divers degrés apparents. Par ailleurs, la honte ressentie chez le sexe masculin est beaucoup plus importante, ce qui pousse l'individu à s'isoler et à se battre seul.

En conclusion, que l'on soit un homme ou une femme, priver son corps de nourriture est un cri de douleur en réaction à un mal de vivre. La pression de l'entourage, les contraintes abusives, les attaques à l'égo sont des déclencheurs importants de l'anorexie. Les identifier demeure la première étape vers un rétablissement réel. Apprendre à s'aimer est un exercice quotidien et de longue haleine.

---

www.anebquebec.com ANEB (Anorexie et boulimie Québec)
www.equilibre.ca Équilibre, Groupe d'action sur le poids

CHAPITRE ONZE

Accomplir ses rêves et accepter le bonheur

Je suis fière d'avoir accompli mes deux plus grands rêves.

Je commence par celui qui s'est réalisé soudainement et beaucoup plus tôt que je ne l'avais envisagé : écrire sur la maladie qui affecte ma vie dans le but d'aider d'autres personnes qui sont interpelées par ce problème.

J'ai commencé à écrire des poèmes vers l'âge de douze ans pour le plaisir de trouver des mots qui rimaient ensemble. J'utilisais mes moments de solitude pour m'évader dans la danse des mots et des rimes.

Un jour, je me suis mise à rédiger mon journal quotidien. Je pouvais me défouler sur les pages blanches et écrire toutes les inquiétudes et les frustrations qui me torturaient. Ce journal est vite devenu mon meilleur ami et mon confident. Il m'accompagnait partout et était le témoin impuissant des hauts et des bas de ma vie.

Le premier jour de mon hospitalisation, j'ai commencé un nouveau journal. Je prenais le temps d'y transcrire quotidiennement, et avec soin, chaque détail de mon évolution et de mes transformations. L'écriture demande un haut niveau de concentration et un effort physique minimal qui représentent deux caractéristiques totalement opposées à ma personnalité. À l'hôpital, j'avais la mission de prendre du poids le plus rapidement possible et l'interdiction de trop bouger. L'écriture m'a donc permis de passer plus facilement à travers mes cinq mois d'internement et a participé largement à mon rétablissement.

Quand je compose des poèmes ou lorsque j'écris mes expériences, je laisse les mots venir à moi sans m'inquiéter du résultat final. Comme la danse et la peinture, l'écriture est un don naturel qui me permet d'extérioriser le tourbillon d'émotions qui s'agite en moi. Avec des mots, je peux m'exprimer clairement à propos de divers épisodes de ma vie et partager avec mes lecteurs les leçons que j'en ai retirées.

Je souhaite que ce livre fasse le tour du monde et que d'autres, comme moi, réalisent l'ampleur des forces cachées en eux. Je suis consciente que dans certains pays, la révolte des femmes peut entraîner leur mort, mais si la lecture de mon témoignage pouvait tout au moins les sensibiliser au choix d'une liberté individuelle, l'effort de les écrire n'aura pas été vain.

Mon deuxième grand rêve est en mode de réalisation depuis plus de deux ans. En effet, vers la fin de l'année 2008, j'ai commencé à m'adonner sérieusement à la peinture. Léo et Noé étant plus autonomes, j'ai retrouvé suffisamment de liberté pour participer à des expositions et organiser des événements artistiques à la maison. Mon mari m'a installé un atelier au sous-sol de notre résidence afin que je puisse peindre à ma guise, et cela, tout en demeurant disponible pour répondre aux besoins immédiats de ma famille.

En mars 2011, alors que je jonglais avec mes responsabilités de mère de trois garçons, un travail de jour à temps partiel, des cours de danse aérobique cinq soirs par semaine et la création d'une collection de toiles, Philippe m'a encouragée à m'investir à 100 % dans mon art afin d'augmenter ma visibilité. Je trouvais égoïste de réaliser ce rêve en lui laissant le fardeau financier de notre famille. Je me suis donc mise à travailler encore plus fort du lundi au dimanche et du matin au soir dans le but d'offrir un choix incomparable de toiles et d'accroître ainsi mes ventes et mon chiffre d'affaires.

Prendre la résolution de ne plus jamais travailler avec un horaire strict comme tout le monde a marqué le premier pas vers ma nouvelle vie. Étant une personne très efficace, indépendante et organisée, j'ai constaté que le statut de travailleuse autonome était la solution à mon grand besoin d'accomplissement. J'imaginais offrir une belle qualité de vie à ma famille en ayant le privilège de travailler à la maison. Mais je suis tombée dans les extrêmes en me consacrant totalement à ma peinture, au détriment des miens.

L'instabilité financière est un stress que j'ai une grande difficulté à gérer. Pour compenser cette insécurité, je pense sans cesse à divers moyens de me faire connaître. J'organise un nombre impressionnant d'activités artistiques, sans prendre le temps de respirer.

Je reçois pour la première fois de ma vie des compliments venant de parfaits inconnus. C'est totalement enivrant de constater à quel point mes œuvres touchent les gens et entretiennent un lien tangible entre eux et moi.

Voici le message de Franck B. de Jonquière :

« Nous sommes de simples admirateurs de ton travail et surtout de ton talent que nous apprécions. Je crois qu'Audiard disait : « Les vrais critiques sont mon public. » Tes œuvres illuminent notre maison et nous nous disions que notre sous-sol était orphelin de tes talents. Je visite régulièrement une galerie à Chicoutimi, mais aucune des œuvres exposées ne me parle. Tes toiles déclencheraient peut-être une addiction..............

Un peintre a déjà dit : « *J'ai mis toute ma vie à dessiner comme un enfant.* »

Ce message m'a fait pleurer de joie et de fierté. Je n'ai pas eu la chance de rencontrer Franck de Jonquière, mais il m'écrit régulièrement et il se dit heureux de posséder plusieurs de mes œuvres. L'impact que mes créations exercent sur les gens me prouve que je suis sur la terre pour accomplir quelque chose d'important.

Je suis consciente de l'énergie qui se dégage de mes toiles, des messages qu'elles portent et, surtout, des regards stupéfaits qu'elles provoquent. Quand je réalise que j'ai produit 2,400 toiles entre 2008 et 2013, j'en suis flabbergastée.

Pour moi, peindre tous les jours est un besoin vital. Le grand sentiment d'accomplissement que j'en ressens me procure de nouvelles énergies. L'inspiration vient toute seule comme la respiration. Je laisse mon imagination prendre le contrôle de mon corps et je me laisse guider par la folie des couleurs et des textures.

Au moment où j'ai écrit ces lignes, j'ai compris l'urgence de changer mon horaire et ma façon de travailler pour conserver une atmosphère saine et accueillante à la maison. Depuis le début de la rédaction de ce manuscrit, ma capacité de gérer mon temps a été mise à rude épreuve. Je ne peux pas me permettre de réduire mes heures de création artistique et j'ai choisi d'écrire au lieu de passer du temps avec ma famille. Je sais que cette situation a été temporaire, mais elle a été difficile à vivre pour mes enfants et mon mari.

Je me suis fait la promesse de trouver un équilibre réaliste entre mon travail et ma famille dès que le cœur du travail sera complété. Le bonheur et la joie de vivre de mon noyau familial demeurent ma priorité et passeront toujours avant mon succès personnel.

Chacun a des objectifs, des buts et des rêves à atteindre, mais il est important de se rappeler que leur réalisation doit s'accomplir dans le respect des autres. Créer ma propre vie et apprécier la beauté du monde qui m'entoure est ma nouvelle aspiration.

Malgré mon poids inférieur aux normes de la société, je me porte beaucoup mieux maintenant, dans ma tête et dans mon cœur. Ma ténacité, ma force de caractère et ma persévérance m'ont permis de refuser d'abandonner et ainsi de rester en vie durant toutes ces années.

Célébrer un nouveau départ, c'est aussi plonger en territoire inconnu. Vivre des changements demeure une situation inconfortable qui me rend nerveuse et craintive. Je me sens de plus en plus submergée par toutes ces nouvelles leçons de vie et, malgré toutes mes bonnes intentions, j'entretiens encore des doutes à mon égard. Je comprends cependant que ces hésitations font partie des réflexes inhérents à toute transformation et je m'efforce de ne plus les laisser me déstabiliser outre mesure.

Cette fois-ci, je ne choisirai pas la facilité. J'ai l'intention de prendre les moyens qu'il faut pour convertir ma nervosité en enthousiasme et pour me concentrer sur les nouvelles possibilités qui s'offrent à moi. Mes rêves, je les accomplis au quotidien, car le vrai bonheur, c'est de laisser la vie suivre son cours et d'en savourer chaque seconde auprès de ceux que l'on aime et chérit. À long terme, mon rêve est de parcourir le monde avec mon mari pour présenter mes nouvelles collections d'œuvres d'art et d'autres livres.

Je ne pourrai jamais changer mon passé et je l'ai bien compris. Ce qui est le plus important pour moi est d'apprendre à m'aimer, moi d'abord, indépendamment de ce que les autres pensent de moi. Un grand nombre de gens recherche l'approbation et l'amour des gens qui les entourent et, malheureusement, cela les empêche de trouver le vrai bonheur.

Dans mon cheminement, j'ai fait des deuils et des choix importants qui m'apportent la paix intérieure. Je dois m'ancrer à mon projet de vie actuel. C'est très difficile, mais essentiel à ma survie et au bon fonctionnement de ma famille. Après un long débat intérieur, j'ai finalement décidé de choisir mon bonheur et celui de mes quatre hommes.

Chacun de nous a un rôle à jouer dans la vie des autres et il est important d'en prendre conscience. Mes paroles et actions auront un impact sur mes garçons qui, à leur tour, exerceront une influence sur les gens qu'ils côtoieront. Il m'appartient donc de casser la chaîne de la déresponsabilisation et de célébrer avec bonheur la nouvelle vie qui m'est offerte.

Mais, au juste, quelle est la définition du bonheur?

Définition de l'encyclopédie libre Wikipédia :

Le bonheur est un état durable de plénitude et de satisfaction,
état agréable et équilibré de l'esprit et du corps,
d'où la souffrance,
le stress,
l'inquiétude et le trouble
sont absents.

Pour moi, le bonheur n'est pas qu'une simple définition. Sa signification varie selon la personne qui le vit. Il est différent pour chacun et peut également évoluer vers des définitions plus significatives au cours d'une vie. Il peut disparaître en un clin d'œil et surgir à des moments totalement inopinés. Je crois qu'il dépend essentiellement d'une capacité à y croire et à accepter que chacun y a droit.

Le bonheur peut se résumer à un simple morceau de chocolat ou un doux baiser. Il prendra tour à tour une multitude de formes : la fierté de profiter de son indépendance, de sa première victoire ou de son premier succès, la douceur de s'entendre dire « *Je t'aime* » et de répondre à cet amour, l'incomparable joie de préparer son mariage, la satisfaction d'acheter sa première maison, sa première voiture, ou le plaisir délectable de son premier voyage en amoureux. Le bonheur, c'est aussi annoncer une grossesse, prendre pour la première fois son nouveau-né dans ses bras, voir ses enfants grandir heureux et en santé et les entendre rire et s'amuser.

Il y a les petits et les grands bonheurs. Certains sont coûteux, mais une multitude d'autres sont absolument gratuits. Il y a des bonheurs vite oubliés et de plus grandioses dont les parfums s'étalent sur toute une vie.

Je termine ce chapitre sur le bonheur en vous disant sincèrement que je l'ai retrouvé.

Il est tout simple, facile à expliquer :

JE SUIS ENCORE EN VIE

ENTOURÉE DE MES QUATRE HOMMES.

CHAPITRE DOUZE

Les hommes de ma vie

Le premier homme que j'ai regardé avec mes yeux, mais surtout avec mon cœur, est mon père. J'étais sa première enfant, sa première fille, son trésor et sa plus grande fierté.

Je me souviens des heures passées ensemble à jouer dans le sable au bord de la mer. Son attitude et les attentions dont il me gratifiait me rendaient la personne la plus importante sur terre. Quand nous avions des visiteurs, je l'écoutais en cachette raconter mes prouesses à l'école et dans mes cours de ballet classique.

Mon père m'aidait tous les soirs à faire mes devoirs. Il voulait que je sois première de classe afin de pouvoir choisir la meilleure université. Il me disait que pour réussir dans la vie, il fallait être instruite et ne pas avoir peur de travailler très fort. Je n'étais pas convaincue d'être aussi bonne qu'il le croyait et je faisais de grands efforts pour répondre à ses attentes. Il était strict et ferme, généreux de son temps, méticuleux et organisé, et jamais en retard. Il ne laissait jamais voir sa fatigue ou ses inquiétudes.

Mon père était la personnification de la réussite à la sueur de son front. Je prenais exemple sur son comportement quand je songeais à abandonner, et cela me redonnait la force de continuer à avancer.

Mon père n'était pas porté à exprimer ouvertement ses sentiments. Il me serrait dans ses bras, mais pas trop longtemps, et il me donnait des baisers sur les joues. Il ne me regardait pas souvent dans les yeux. J'ai longtemps senti une certaine gêne ou un malaise chez lui, comme un souci que je puisse déceler dans son regard une réalité qu'il préférait garder pour lui. Nous avions des conversations sur divers sujets, mais nos différences d'opinions et mes valeurs opposées aux siennes rendaient, parfois, les discussions tendues.

Avant le début de l'anorexie, je me suis entraînée pour courir le marathon de Montréal avec lui. Pendant plusieurs mois, nous prenions notre petit-déjeuner ensemble et parcourions les kilomètres requis pour notre mise en forme.

Cette expérience m'a démontré combien l'être humain peut repousser ses limites et trouver en lui-même la force nécessaire pour atteindre son but. Mon père a plusieurs fois couru les 42 km, mais c'est en ma compagnie qu'il a fait son meilleur temps à vie. Je sais que nous nous sommes défiés tout au long de la course et que c'est grâce à ses encouragements que j'ai aujourd'hui une résistance et une endurance bien au-delà de la normale.

J'ai vu mon père pleurer deux fois seulement. La première fois à l'annonce de la mort de sa mère et la deuxième fois lorsque je lui ai annoncé ma décision de me faire hospitaliser pour régler mon problème d'anorexie. Il m'a dit en sanglotant combien il m'aimait et à quel point il souffrait de me voir si malade. Je me souviendrai toujours de ce moment, le seul de toute ma vie, où il a laissé tomber sa barrière de protection et m'a dévoilé toute sa sensibilité.

Dernièrement, nous avons eu, lui et moi, une importante discussion à propos des préparatifs du temps des fêtes et des traditions du repas de Noël. Il m'a demandé, les yeux remplis de larmes, de faire l'effort de manger autour de la table en famille.

J'ai dû lui expliquer calmement que je suis encore incapable de me nourrir en public. Je crois qu'il ne comprend pas réellement les enjeux de l'anorexie. Sa plus grande peur est que je décède avant lui. Je m'aperçois qu'il est plus sensible et vulnérable que je le croyais et que, grâce à lui, je possède une résistance et une endurance à toute épreuve.

La présence de mon père m'intimide énormément et me freine souvent de dire le fond de ma pensée. J'ai découvert que l'écriture est pour moi la meilleure façon de communiquer avec lui. Je lui envoie régulièrement des courriels auxquels il répond. Avec cette approche, je me sens plus calme devant ses commentaires et je me garde le choix de les lire au moment opportun.

Nous savons, de part et d'autre, que nos différences d'opinions sont majeures. Nos convictions sont fortes et nous ne sommes pas des personnes ouvertes aux concessions. Je respecte mon père et j'espère sincèrement qu'il le sait.

Au cours des dernières années, mon style de vie, mon apparence physique hors norme et mes attitudes ont quelque peu refroidi notre relation. En choisissant des chemins différents des siens pour gérer ma vie, sans le vouloir, je l'ai éloigné de moi. Je crois que notre difficulté à communiquer découle principalement de ses inquiétudes et de ses peurs quant à mon avenir.

Je souhaite du fond du cœur qu'à la lecture de ce livre, qu'il conscientisera à quel point je l'aime. J'espère aussi qu'il comprenne qu'il n'a pas à se faire du souci pour moi. Je n'ai pas choisi une carrière conventionnelle, mais je suis heureuse et en harmonie avec ma vie.

J'ai à mes côtés un mari extraordinaire depuis plus de vingt-huit ans et trois superbes garçons qui me rappellent tous les jours que je réussis à être une bonne compagne de vie et une bonne mère.

Philippe est tombé follement amoureux de moi dès le premier jour de notre rencontre et n'a jamais cessé de me le prouver. Son dévouement m'a troublée dès le début de notre relation et j'ai compris que cet homme, en plus de me désirer, avait une grande estime pour moi.

Je me demande souvent ce qu'il trouve en moi qui le passionne autant. J'ai un caractère rebelle, je veux toujours avoir raison, j'ai des sautes d'humeur constantes et un très faible niveau de tolérance.

Quand j'entends les gens de mon entourage me dire à quel point Philippe est en admiration et en amour avec moi, je me permets de ressentir une grande satisfaction doublée d'une paix intérieure que je classerais sur la liste des *bonheurs grandioses*.

Philippe m'encourage continuellement à donner le meilleur de moi-même, à être fière de mes accomplissements, à être authentique et à rester fidèle à mes valeurs. Mon apparence physique n'a jamais été un facteur sur lequel il a porté un jugement. Il constate que c'est en me sentant bien intérieurement que je suis éblouissante extérieurement.

Je suis consciente qu'il est une personne dont les valeurs sont axées sur la libre expression. De plus, il n'hésite jamais à faire passer les besoins des autres avant les siens. Il est l'homme auquel mes garçons s'identifient et je ne saurais souhaiter mieux pour eux.

Quand mon mari pose son regard sur moi, je me sens la personne la plus importante dans sa vie. Il me donne des conseils, mais me laisse toujours prendre mes propres décisions. Auprès de lui, je me sens forte et maîtresse de ma destinée. Je dis souvent aux gens que si je n'avais pas rencontré Philippe, je ne serais plus de ce monde aujourd'hui.

J'ai encore beaucoup de difficulté à accepter mon corps de femme, mais je sais qu'il m'aime avec ou sans courbes physiques. Notre intimité n'en a jamais souffert, car je l'aime tendrement et de tout mon cœur. Je sais que nous allons vieillir ensemble et que nous avons de nombreuses années de bonheur devant nous.

Témoignage de Philippe

Véro est, d'abord et avant tout, une femme merveilleuse, passionnée et débordante de vie. C'est la femme que j'aime et je suis heureux de partager ma vie avec elle. Nous avons une complicité et une complémentarité que bien des couples pourraient envier.

Véro mord dans la vie à une vitesse supérieure à tout le monde. Elle est une travailleuse acharnée qui ne sait pas s'arrêter. Tout doit être fait immédiatement. Elle ne tolère pas l'attente, le retard ou l'inaction. Ce sont des caractéristiques reliées à sa passion.

L'anorexie a toujours fait partie de Véro. Depuis toujours, je l'accepte comme elle est, dans les moments difficiles autant que dans les bons. Naturellement, je ne suis pas indifférent à ce qu'elle vit. Je me retiens d'intervenir, je l'accompagne et l'encourage à croire en elle. Son potentiel et sa passion sont exceptionnels.

Bien sûr, j'aimerais qu'elle soit en santé afin que nous vivions ensemble en famille le plus longtemps possible. Sa passion est enivrante et elle illumine la vie partout où elle évolue.

On a tous des défauts ou des problèmes à résoudre. Il faut travailler sans relâche à surmonter l'adversité en cherchant à accomplir nos rêves, et cela, sans se retourner.

Je suis privilégié de partager ma vie avec Véro. Sa passion nous fait vivre pleinement et j'espère pouvoir en profiter indéfiniment.

Jérémy, mon premier enfant tant attendu. Sept ans d'attente avant que nous puissions vivre une autre réalité, celle de parents.

Ce jeune homme, qui est aujourd'hui la réplique de son père, est également mon confident et ami. Il m'est très difficile de jouer mon rôle de mère avec lui. J'ai été absente, éloignée de lui émotionnellement et physiquement durant les premières années de sa vie. Jérémy est au courant de ma maladie et ne me juge pas. Il a beaucoup de compassion et de tendresse à mon égard. Souvent, j'ai l'impression que les rôles sont inversés. Il m'offre son aide régulièrement et fait preuve d'une patience d'ange pour s'occuper de ses petits frères. Comme je le lui dis souvent, Jérémy est venu du ciel et m'a donné la force de continuer à me battre contre l'anorexie.

Témoignage de Jérémy

Ma mère est, selon moi, la première personne au monde à avoir pris conscience de mon existence et sera surement aussi une des personnes à me donner le plus d'importance. Peu importe quel genre de mère, dans mon cas, anorexique, personne n'a le droit de la considérer différente d'une autre mère.

Lorsque j'étais plus jeune et qu'on me posait des questions sur elle, souvent à propos de son apparence physique, je n'étais jamais embarrassé de répondre et je ne le suis toujours pas. Au contraire, j'avais l'impression qu'elle était spéciale et que ceux qui me posaient la question étaient jaloux de ne pas avoir une mère comme la mienne.

Grâce à elle, j'ai rapidement appris que peu importe l'état physique des gens, on peut découvrir chez eux des qualités que jamais on aurait connues sans avoir suffisamment ouvert notre façon de penser.

Je vais continuer à vivre avec elle de la même façon dont je l'ai toujours fait, en lui donnant tout l'amour qu'un fils peut donner à sa mère, et simplement en la considérant comme ma mère. Même si nous avons différents points de vue envers certains sujets, je la respecterai toujours. Je continuerai à demeurer avec elle puisque chaque jour, elle me permet de vivre comme je le veux et me soutient dans mes décisions. Je vais profiter de la chance que j'ai de pouvoir vivre avec une mère aussi unique.

Léo et Noé, ce duo complémentaire, mettent constamment ma patience à l'épreuve. Mais, pour rien au monde, je ne pourrais m'en séparer.

Je me souviens de notre premier voyage en Floride lorsqu'ils n'étaient âgés que de trois ans. J'y ai vécu le plus intense moment de panique de ma vie. Pendant que j'étais aux toilettes, Léo a profité de la porte d'entrée mal fermée du condo pour aller explorer les environs. Le silence m'a inquiétée et en voyant la porte ouverte, mon cœur s'est emballé. J'entendais au loin la voix de Noé appelant son frère. J'ai parcouru les quatre étages en criant leurs prénoms pensant qu'ils avaient été kidnappés. Je les ai retrouvés plusieurs appartements plus loin, cherchant à tourner une poignée de porte croyant qu'ils étaient au bon endroit.

Cet épisode, gravé à jamais dans ma mémoire, me rappelle que la vie peut basculer en quelques secondes.

Au fil des années, mes enfants m'ont incitée à changer plusieurs de mes habitudes : apprendre à demander de l'aide, à me déculpabiliser, à être moins perfectionniste, à lâcher prise, à accepter de ne pas avoir le contrôle sur tout et, surtout, à vivre au jour le jour.

Léo, l'explosif, constamment en quête d'attention, complémente son frère Noé, l'indépendant, déjà un spécialiste en informatique. Ces deux petits hommes m'ont fait réaliser que mon rôle de mère est simple : leur donner de bons conseils, servir de délicieux repas et leur exprimer mon amour en paroles et en gestes. Ils ont développé une personnalité, une attitude et des champs d'intérêt distinctifs qui délimitent leurs forces et leurs faiblesses.

Être la mère de jumeaux est une expérience unique et fantastique qui, tout en demandant beaucoup d'adaptation, offre une vision réaliste de l'impact des parents sur leurs enfants. Tous les jours, je remercie le ciel de me les avoir envoyés, car ils ont fait de moi une femme prête à relever tous les défis.

Les professeurs de Léo et Noé me disent qu'ils parlent continuellement de moi et qu'ils me comparent à Picasso. Ils leur décrivent notre maison remplie de toiles et évoquent le déroulement de mes expositions mensuelles où se présentent un grand nombre de visiteurs et d'acheteurs. Ils adorent mes cheveux roses et mes tatouages, car ils disent en riant que je suis plus facile à repérer dans une foule. Au restaurant, ils sont habitués à me voir prendre un verre de vin sans manger et n'y trouvent rien d'anormal. Mes habitudes alimentaires n'ont pas eu de conséquences négatives sur eux, car en ce qui concerne l'alimentation, ils ont pris exemple sur leur père et leur grand frère.

Témoignage de Léo

Véro est souvent très gentille avec moi et, sans elle, il n'y aurait pas de lavage, de rangement et de toiles dans notre maison. S'il n'y avait plus de toiles, la maison serait vide. J'aime ma mère parce qu'elle prend soin de nous et nous donne de l'affection. Par contre, je n'aime pas ça quand elle s'énerve et qu'elle crie.

J'aime ma mère, même si elle ne mange pas à table avec nous. Elle est toujours en train de travailler dans son atelier ou sur l'ordinateur. Elle me fait mes soupers et mes lunchs. Ça ne me dérange pas qu'elle soit anorexique.

Témoignage de Noé

Je n'ai pas envie de changer la vie de ma mère parce que c'est sa vie et personne n'a le droit de la contrôler. Je n'ai jamais envie qu'elle change, car son anorexie ne me dérange pas.

Ce qui me dérange c'est lorsqu'elle est stressée et que je la sens perturbée.

Je trouve qu'elle n'est pas différente des autres mères. Elle est aussi affectueuse que les autres. Si elle était grosse, cela ne me dérangerait pas non plus. Ce que je veux, c'est qu'elle soit toujours ma mère. Si elle n'était pas anorexique, elle n'aurait jamais découvert son talent de peintre. Elle est la plus gentille des mères.

Quand je regarde grandir Jérémy, Léo et Noé, j'apprécie à sa juste valeur ma chance de les avoir dans ma vie. L'anorexie avait anéanti mes chances d'avoir des enfants et, pourtant, la vie en a décidé autrement. Je me considère la mère la plus comblée au monde. Mes garçons sont la preuve que rien n'est impossible et je suis la preuve que chaque être humain a le pouvoir de réaliser tous ses rêves, même les plus incroyables.

Considérant le bagage que j'ai acquis au cours de ma vie et les leçons que j'en ai retirées, je suis convaincue de l'impact positif que mon témoignage aura sur mes lecteurs. Ce livre est le début d'un avenir prometteur. Partager, échanger, inciter les autres à se construire la vie dont ils ont toujours rêvé m'interpelle et me stimule. Je ne suis qu'un grain de sable sur la grande plage de la vie, mais ma contribution et ma joie de vivre permettront à d'autres personnes d'atteindre leur plein potentiel.

En somme, je ne suis pas si différente des autres. Chacun a ses forces et je crois que la mienne réside en grande partie dans ma capacité à sortir des chemins battus.

Quand je suis entrée à l'Hôpital Douglas, j'étais au bout du rouleau et je n'avais plus rien à perdre. C'était sans doute plus facile de faire de grands changements dans mes habitudes de vie.

En apprenant à gérer ma peur et mon impulsivité, j'ai repris confiance en moi et en mon pouvoir décisionnel. Je ne nie pas que certaines journées sont plus difficiles que d'autres, mais je vous assure que chaque soir, je me couche heureuse d'être cette nouvelle personne fière d'aller au bout de ses rêves et de ses convictions.

CHAPITRE TREIZE

Des batailles gagnées, quoique la lutte continue

La réalité est conditionnée par l'éducation reçue et la culture environnante : les règles, les habitudes, les références. Chacun interprète et juge la réalité comme s'il regardait à travers d'un écran de fumée où tout est brouillé. Je n'ai pas choisi ce que je sais et ce que je crois. Mes peurs, mes souffrances, les injustices et la violence empêchent parfois ma conscience d'émerger.

Je veux pouvoir jouir de la liberté d'être qui je suis vraiment ainsi que de la liberté de faire ce que je veux réellement, et cela, sans avoir à me justifier.

Le cadeau que je m'offre maintenant cette année est de m'accepter enfin comme je suis : mon corps, mes émotions, ma vie, mon histoire.

D'aussi loin que je me souvienne, j'ai souffert de mon incapacité à prendre ma place et à me faire respecter. J'acceptais d'être choisie en dernier et, par lâcheté, je laissais les autres gagner. J'ai fermé les yeux devant des injustices et accepté que les autres prennent des décisions à ma place afin de plaire à la majorité. J'ai été victime de discrimination, d'intimidation, de violence verbale et physique.

Pour moi, la vie était une bataille quotidienne. Je luttais de toutes mes forces pour ne pas me laisser envahir par de mauvaises pensées. J'avais autour de moi trop d'influences toxiques qui se nourrissaient de conflits et de crises. Je croyais que la vie n'était qu'une série de guerres, de peines et de déceptions.

Fatiguée de vivre dans cette controverse, j'ai décidé de changer de camp et de faire le choix d'être heureuse et de vivre entourée de personnes positives et encourageantes. Désormais, je m'efforcerai de rester à l'écart des individus qui me sont nuisibles et je ne gaspillerai plus mon temps et mon énergie pour ces personnes qui ne changeront jamais.

J'ai utilisé mon corps pour signifier ma révolte contre l'injustice faite aux femmes. Je comprends que cela ne change rien dans l'immédiat, quoique c'est moins menaçant pour moi de ne pas afficher un corps de femme. Je préfère rester dans celui d'une petite fille, celle qui existait avant le début de l'anorexie; celle qui n'avait pas à s'inquiéter du regard des hommes.

Avec les années, l'anorexie a eu des effets importants sur mon corps. Je ne reçois plus les signaux qu'il m'envoie et n'éprouve plus la faim, ni la satiété. Même en consommant très peu de calories, j'ai autant d'énergie et d'endurance que les gens normaux. Je suis probablement une mutante et je suppose qu'avec le temps, mon métabolisme s'est adapté à la réduction importante de nourriture.

Mon petit corps, je l'ai adopté et je l'adore. Il me demande un minimum d'entretien pour un maximum de rendement. Il laisse croire que je suis faible et fragile alors que derrière cette façade, j'ai une résistance à toute épreuve.

Pour moi, l'essentiel est d'être en mesure de prendre soin de ma famille. J'ai même réussi à me bâtir une carrière d'artiste-peintre prospère à laquelle j'ajoute maintenant un petit extra :

l'écriture! L'important au fond est d'avoir un esprit positif, un bon moral et d'accepter le corps dans lequel j'ai choisi de vivre ma vie.

Dernièrement, j'ai eu des déceptions bouleversantes de la part de personnes en qui j'avais une confiance aveugle. J'étais sur le point de tout laisser tomber lorsque des amis m'ont tendu la main. Ils m'ont aidé à retrouver la conviction et la force de continuer à me battre et à croire en moi. Il m'apparaît bien évident maintenant que la révolte n'est pas nécessaire. Parler, discuter et faire des compromis sont aussi des choix possibles. Chacun a la responsabilité d'ouvrir ses horizons et d'apprendre à respecter les besoins des autres.

Les différences entre les individus reposent sur différents facteurs : l'apparence physique, le bagage émotif, l'éducation, le vécu, les principes et le réseau social, pour ne nommer que ceux-là.

Je prends conscience que les personnes agressives sont souvent les plus blessées et que leur besoin d'amour et de compassion en est d'autant plus grand. Elles ont connu la violence et c'est la seule méthode qu'elles connaissent pour se défendre et survivre.

Certaines d'entre elles sont prêtes à changer alors que d'autres n'en sont pas là. Le défi est de distinguer celles qui resteront dans leur misère de celles qui pourraient éventuellement changer de camp. Chacun doit apprendre à se protéger, à s'entourer de personnes positives à qui il peut accorder sa confiance.

Je ne veux plus vivre dans le passé ou en prévision de l'avenir. Je veux apprendre à vivre intensément mon présent. Pour y arriver, je dois faire de bons choix, penser à moi, à ma famille immédiate, être une personne rayonnante et fière de ses accomplissements.

Être une artiste-peintre me donne la force et la motivation nécessaires pour déceler les petits bonheurs quotidiens et m'offre la chance de m'épanouir. J'ai le privilège de travailler à des heures qui me conviennent ayant peu de règles et de normes à respecter. J'ai la possibilité d'adapter mon horaire aux besoins de ma famille. J'apprends à apprécier la solitude des heures passées dans mon atelier autant que l'animation des foules lors des expositions. Je suis responsable de planifier mon futur ainsi que mes objectifs au quotidien.

On me demande souvent quels sont les processus et les inspirations qui me permettent de peindre chaque soir, jour après jour. Je n'ai pas de réponses précises ou toutes faites sur ce qui se passe lors de mes moments de création. Je ne prépare rien dans ma tête ni aucun croquis sur papier avant de me diriger vers mon atelier.

Dès que j'entre en contact avec mes couleurs, textures et canevas, je suis dans un autre monde. Je suis hors de mon corps et en harmonie totale avec mon énergie créatrice. C'est comme dans une séance de yoga où l'on se déconnecte du monde réel pour plonger dans un univers parallèle. Mes sens sont dirigés vers la recherche de l'équilibre, mais aussi de sensationnel; du calme entouré de tempêtes, de la folie protégée par la réalité.

Cette passion et ces moments d'évasion uniques sont la source de mon désir de vivre et de combattre cette maladie. Je sais que chaque jour sera une source de bons et de mauvais moments, et que mon pouvoir de création me permettra de dépasser mes limites. Sachant que je possède cette force en moi, je n'ai plus peur de vivre et je veux le faire savoir au monde entier.

La peinture a sans aucun doute remplacé plusieurs de mes vices et dépendances; des pratiques dangereuses qui auraient certainement pu causer ma mort. L'art me permet aussi de prendre de la distance avec mon corps.

Une œuvre d'art n'a ni sexe ni âge et n'exige pas une connaissance personnelle de son créateur pour être appréciée. L'œuvre d'art a la valeur et la beauté des yeux qui la regarde. Les compliments que je reçois m'aident énormément à remonter mon estime personnelle et me rassurent quant à ma place au sein de la société dans laquelle je vis.

Mes œuvres laisseront la trace de mon passage sur terre pendant plusieurs années. Elles auront exprimé ma colère et ma joie, mes rêves et mes cauchemars autant que ma quiétude et mes confusions. Les interdictions ou les censures n'ont pas leur place en création. En m'abandonnant à mon imagination, je suis libre d'utiliser toutes les sortes de couleurs et de matériaux qui me plaisent pour créer des œuvres abstraites. Contrairement à d'autres artistes, je préfère n'avoir aucun repère, aucune image, aucune aide; je me fie à mon instinct et la magie s'opère.

C'est ma passion pour l'art qui m'a sauvé la vie et je reprends vie un peu plus à chaque nouvelle création. Faire don de mes œuvres à divers organismes et fondations m'aide à concrétiser mon rôle auprès des gens dans le besoin et me motive à essayer d'en faire encore plus. On ne choisit pas la souffrance, mais on peut choisir de tenter de réduire celle des autres.

Je vous soumets ci-après avec respect la liste des fondations que j'encourage grâce à mon art :

• Fondation Institut Nazareth et Louis Braille
• Fondation de l'Hôpital Charles-LeMoyne
• Fondation pour le cancer du sein
• CHU Fondation Ste-Justine
• Fondation de l'Hôpital de Montréal pour enfants
• Fondation Martin Matte
• Procure

- Centre de pédiatrie sociale de Saint-Laurent
- ANEB (Anorexie et boulimie Québec)
- Fondation des Étoiles
- Fondation La Traversée
- Fondation Rivières
- Fondation du Collège St-Paul
- Fondation du Séminaire Ste-Trinité
- Fondation du CSSS Hôpital Pierre-Le-Gardeur
- Le Chaînon
- Femmessor
- Fondation des Canadiens
- Relais pour la vie
- Maison Victor-Gadbois
- Auberge du cœur Héberge-Ados
- Fondation Maman Dion
- Fondation Autisme Montréal
- Association Canadienne de l'Hémiplégie Alternante
- SNAC (Service de nutrition et d'action communautaire)
- JAIDQ(Association des Jeunes Adultes Insulino-dépendants du Québec)
- Association québécoise de la dysphasie
- Fondation Jean Lapointe.

Ma vision de la vie a évolué, changé de forme et c'est avec résolution que j'ai finalement décidé de prendre un rendez-vous dans une clinique privée afin d'obtenir un bilan de santé général. Depuis mon hospitalisation en janvier 2000, j'ai été très négligente avec mon corps.

Par manque de temps, mais surtout de volonté, j'ai remis à plus tard les visites médicales annuelles au point où je les ai totalement ignorées. À l'approche de mes cinquante ans, je veux m'assurer que mon corps est prêt à conquérir ma deuxième moitié de vie avec brio. Il n'est pas question de fermer les yeux ou de faire semblant que tout va bien maintenant. Je vais prendre les mesures nécessaires afin de retrouver mon plein potentiel et la santé nécessaire à l'accomplissement des projets qui me sont confiés.

Je crois au destin et je n'ai plus peur ni honte de moi et de la vie qui m'a été tracée.

Immanquablement, je recevrai des critiques à la suite de la publication de ce livre. Elles prendront plusieurs formes et divers niveaux d'intensité. C'est avec la plus grande ouverture d'esprit que je me propose de les accueillir tout en faisant très attention de ne pas les laisser me blesser. Les gens qui les émettront auront interprété mes dires selon leur propre évolution et expérience de vie.

Je respecte les autres et leurs opinions et je réclame la même considération. Les raisons qui m'ont poussée à m'exprimer ouvertement à travers ce livre m'appartiennent et je n'ai pas à me justifier. L'objectif n'a jamais été de changer le monde ou de faire croire que je connaissais la recette miracle ou la vérité infuse. Mon témoignage constitue simplement mes premiers pas et mon engagement personnel vers une nouvelle vie; je ne recherche pas la pitié, ni une quelconque valorisation.

Le 13 septembre 2013, j'ai célébré mes quarante-huit ans. J'adore ma vie même si je suis toujours aux prises avec l'anorexie. J'ai accompli plusieurs de mes rêves, petits et grands, et je suis prête à en vivre des milliers d'autres. La grande bataille, je ne l'ai pas gagnée, mais je crois que ce n'est plus important maintenant. Je n'atteindrai probablement jamais un poids normal, mais je mettrai tout en œuvre pour conserver une santé optimale. J'ai confiance, que gâce à ce livre et à ma carrière d'artiste-peintre florissante, de franchir un autre pas vers mon droit au bonheur et au succès.

Mon plus grand souhait en ce qui concerne la rédaction de mon expérience personnelle est d'éviter à des jeunes et à leur famille de souffrir du manque de communication et des incompréhensions entretenus par le silence et la honte reliés à l'anorexie, j'espère avoir réussi à partager l'essentiel d'un message qui se veut positif.

Nous sommes tous des êtres en quête d'amour et je crois que le premier pas pour y arriver est d'apprendre à s'aimer et à se respecter soi-même. Personne n'est à l'abri de maladies dévastatrices tels que l'anorexie ou le cancer, mais démontrer que certains parviennent à s'en sortir peut faire une grande différence.

Pendant plusieurs années, j'ai voulu être une fille parfaite, celle qui réussit dans tous les projets et dans toutes les sphères de sa vie. Malheureusement, ou heureusement peut-être, je n'atteindrai jamais la perfection et ne serai pas le trophée de réussite de personne. Je suis simplement un être humain ayant des forces, des faiblesses et des rêves. J'ai le droit de mener ma vie comme il me convient, comme tout le monde.

Ma réussite ou mon échec m'appartient et je veux être claire sur ce point. Je suis en désaccord avec l'attitude de certaines personnes qui aiment jouer le rôle de victime. Baisser la tête devant l'adversité, c'est oublier que nous sommes capables d'aller au-delà de nos limites.

Sans vouloir minimiser la souffrance vécue par certaines personnes, je crois que chacune a en elle-même le pouvoir et la force de choisir le bonheur. Les méandres sont parfois longs à explorer, la pente peut s'avérer raide et glissante à certains moments, mais grâce à la force de ses convictions, toutes et chacune peuvent aspirer à être gagnantes.

Mon comportement passé aura sans aucun doute des effets sur ma vie future. Je n'ai pas écrit ce livre dans le but d'accuser qui que ce soit, car **JE SUIS LA SEULE RESPONSABLE DE MES CHOIX ET J'EN ASSUME TOUTES LES CONSÉQUENCES!**

J'ai écrit ce livre pour moi, pour débroussailler les sentiers de mon coeur, pour extirper de mon existence la souffrance qui l'habitait, pour briser les chaînes qui me retiennent, et pour offrir à mes hommes une femme bien dans sa peau qui dégage une sérénité et une joie de vivre. C'est avec une attitude positive et de nombreux projets en tête que je décide de mordre à pleines dents dans ma vie d'artiste-peintre. L'amour inconditionnel de mes quatre hommes m'a finalement convaincue que j'ai aussi droit au bonheur.

J'ai aussi écrit ce livre dans le but utime de vous aider à comprendre cette maladie et, si vous en êtes atteint ou que vous côtoyez quelqu'un qui l'est, de mieux conjuguer avec tous ses aspects, car c'en est une.

Afin que vous soyez en mesure de mieux me comprendre en tant qu'artiste-peintre, je vous invite à visiter mon site Internet : www.veronikah.com. Vous y trouverez mes nouveautés, mon évolution et les expositions auxquelles j'ai participé.

MERCI du temps accordé à la lecture de ce livre, je vous vous en suis très reconnaissante.

véroniKaH

CE QUI NE TUE PAS REND PLUS FORT

CHAPITRE CADEAU

Nourriture mentale pour mieux vivre

Durant mes cinq mois d'hospitalisation, j'ai eu le loisir de lire beaucoup de livres sur le développement personnel et de découvrir divers moyens de maintenir un esprit positif. Dans ce chapitre, j'ai inséré des phrases-clés dont les messages percutants et efficaces m'ont été d'un grand secours pour me ramener les deux pieds sur terre à des moments où je me sentais en perte de contrôle et désorientée. Puisse cette nourriture mentale vous procurer réconfort et apaisement tout comme elle l'a fait pour moi.

« Que se passe-t-il quand vous prenez votre vie en main?

Une chose terrible se produit :

il n'y a personne à blâmer. »

Erica Jong

« Être profondément convaincu

que ce que nous sommes est suffisant,

voilà le secret d'une vie plus satisfaisante et plus équilibrée. »

Erica Jong

« Le changement est la seule certitude
dans notre existence quotidienne. »

Erica Jong

« Les souffrances et peines que nous avons vécues
durant notre enfance ne s'évaporent pas par magie.
Elles se cachent en nous et ressurgissent
quand nous avons atteint une conscience et
une maturité suffisantes pour y faire face. »

Erica Jong

« Un conseil est quelque chose que l'on demande
quand on connait déjà la réponse et
qu'on préfère l'ignorer. »

Erica Jong

« J'ai découvert que j'ai toujours des choix,
même s'il s'agit parfois simplement d'un choix d'attitude. »

Judith M. Knowlton

« Ma souffrance me fait comprendre ma maladie.
Mon chagrin me fait comprendre ma vie. »

Judith M. Knowlton

« Ma passion me nourrit.

Ma dépendance me dévore.

Il y a une grande différence entre les deux. »

Judith M. Knowlton

« Le conflit est inévitable.

Le combat est un choix. »

Judith M. Knowlton

« Demander de l'aide ne signifie pas que nous sommes faibles

ou incompétents.

C'est généralement une grande preuve

d'honnêteté et d'intelligence. »

Judith M. Knowlton

« L'art d'être parents consiste à apprendre

plutôt qu'à accomplir. »

Polly Berrien Berends

« Si vous voulez vraiment comprendre quelque chose,

essayez de le changer. »

Kurt Lewin

« Nous ne sommes pas des êtres humains

qui tentent d'être spirituels.

Nous sommes des êtres spirituels

qui essaient d'être humains. »

Jacquelynn Smale

« Faites-vous un devoir de ne jamais regretter et

de ne jamais revenir en arrière.

Le regret est un gaspillage d'énergie navrant. »

Katherine Mansfield

« Ce que je suis devenue est

le prix que j'ai payé pour obtenir ce que je voulais avoir. »

Mignon McLaughlin

« Ce que je fais devient ce que je suis. »

Mignon McLaughlin

« La persévérance n'est pas une longue course,

c'est beaucoup de petites courses l'une après l'autre. »

Walter Elliott

« Pour obtenir ce qui vaut la peine d'être obtenu,

il est parfois nécessaire de perdre tout le reste. »

Bernadette Devlin

« Les changements dans la vie

ne sont pas seulement possibles et prévisibles,

mais les refuser,

c'est persister dans un état végétatif inutile. »

Gail Sheehy

« Les esprits créatifs sont réputés

pour survivre aux pires apprentissages. »

Anna Freud

« Prenez à cœur de décider. une fois pour toutes,

de vous porter bien et d'aller vers l'avenir

d'un pas sain et constant. »

Toni Cade Bambara

« La vie n'exige que la force que l'on possède.

Le seul exploit qui tienne,

c'est de ne pas s'enfuir. »

Dag Hammarskjord

« Le succès semble dû en grande partie

au pouvoir de tenir bon quand les autres ont abandonné. »

William Feather

« Quand tu penses que tu peux y arriver ou

que tu ne le peux pas,

tu as raison dans les deux sens. »

Henry Ford

« La vie n'est facile pour personne.

Il faut faire preuve de persévérance et, surtout,

de confiance en soi.

Il faut être convaincu qu'on est doué pour quelque chose

et que cette chose, quel qu'en soit le prix, doit être atteinte. »

Marie Curie

« Il n'est pas de grands talents sans grande volonté. »

Honoré de Balzac

« Faites ce que vous pouvez,

avec ce que vous avez,

là où vous êtes. »

Theodore Roosevelt

« Quand on est allé si loin

qu'on ne peut faire un pas de plus,

on a seulement fait la moitié

de ce qu'on est capable de faire. »

Proverbe Groenlandais

« Le bonheur n'est pas un objet

de grande valeur que l'on peut posséder.

C'est un état d'esprit optimiste. »

-Daphné du Maurier

POUR REJOINDRE

véroniKaH

auteure et artiste peintre :

www.veronikah.com

vero@veronikah.com

Collection **CROISSANCE PERSONNELLE :** _____

Vivre libre, sans peur! Le secret de Ben
(roman d'inspiration) *Mark Matteson*
Vivre libre, sans peur, pour toujours! Le cadeau
de mariage (roman d'inspiration) *Mark Matteson*
Golfeurs à vos bâtons édition, *Luc Dupont et Jean Pagé*
La carte routière de VOTRE succès ! *John C. Maxwell*
Le pouvoir des mots, *Yvonne Oswald*
Droit au but, *George Zalucki*
Réussir avec les autres, 6 principes gagnants, *Cavett Robert*
Les lois du succès, *Napoleon Hill (17 leçons en 4 tomes)*
La gratitude et VOS buts + journal quotidien, *Stacey Grewal*
De l'or en barre, *Napoleon Hill et Judith Williamson*
Nos pensées, leur impact sur notre vie, *Agathe Raymond*
Doublez vos contacts, *Michael J. Durkin*
Prospectez avec posture et confiance, *Bob Burg*
L'art de la persuasion, *Bob Burg*
La communication, une vraie passion, *Stéphane Roy et Nora Nicole Pépin*
L'effet Popcorn, *Marie-Josée Arel et Julie Vincelette*
Devenir son propre patron et le rester, *Joseph Aoun*
Maîtriser sa petite voix intérieure, *Blair Singer*
Booster sa motivation, *Shawn Doyle*
Pour réussir, il faut y croire, *Fondation Napoleon Hill*
Né pour gagner, *Zig Ziglar*
Mine d'or de pensées positives, *Françoise Blanchard*
Le système infaillible du succès, *W. Clement Stone*
On ne change pas en restant les mêmes, *Renaud Hentschel*
Commencer par le *POURQUOI, Simon Sinek*
Journal d'un alpiniste, *Chuck Reaves*
Méga attitudes, *Billy Riggs*
Votre liberté financière grâce au marketing de réseau, *André Blanchard*

Collection **RELATION D'AIDE :** _____

Je suis une personne, pas une maladie! La maladie mentale,
l'espoir d'un mieux-être, *groupe d'intervenants*
Les agresseurs et leurs victimes, *Lise Lalonde*

Collection **EXPÉRIENCE DE VIE :** _____

Hop la vie!, *Johanne Fontaine*
Quand l'Éverest nous tombe sur la tête, *Marie-Sol St-Onge et Alin Robert*
Briser le silence pour enfin sortir de l'ombre, *Josée Amesse*
Se choisir, un rendez-vous avec soi-même pour voyager léger, *Robert Savoie*

Collection **FANTASTIQUE :** _____

Cabonga, tomes 1-2-3, *Francesca Lo Dico*

Visitez souvent le site pour connaître nos nouveautés :
www.performance-edition.com

INFOLETTRE POUR OBTENIR DE L'INSPIRATION, TROUVER DES NOUVELLES IDÉES ET DÉVELOPPER VOTRE POTENTIEL

Recevez à votre adresse courriel,
un message de croissance personnelle.

Cette inspiration vous permettra :

- De prendre un moment de répit au cours de votre journée pour refaire le plein d'énergie ;
- De vous repositionner face à vos situations personnelles;
- De répondre à vos défis de façon positive;
- De discuter avec votre entourage d'un sujet à caractère évolutif;
- De prendre conscience de votre grande valeur;
- De faire des choix selon votre mission de vie;
- D'être tenace malgré les embûches;

et plus encore...

À chaque Infolettre que vous recevrez,
un livre de croissance personnelle sera mis en vedette
et une description en sera faite.

C'EST GRATUIT! C'EST POSITIF!

INSCRIVEZ-VOUS AU www.performance-edition.com

Achevé d'imprimer
sur les presses de
Imprimerie H.L.N.
Imprimé au Canada - Printed in Canada